그림책이라는 산

그림책이라는 산

고정순 산문집

만만한책방

차례

여름 끝에서 · 9

1부
지각 대장의 시시한 시작

백만 번 태어난 지각 대장 · 14

부업이 필요해 · 17

좋은 경험 · 20

달걀 한 판은 사치 · 23

2002 · 27

이름 모를 물고기 · 30

투명한 그림 · 35

이방인과 시든 토마토 · 40

2부
그림책이라는 산

사전 읽는 날 · 46

다음이라는 거짓말 · 51

울음 시합 · 54

밑그림은 지도일 뿐 · 59

소장님께 · 62

정말 바람이 불까? · 68

철사로 만든 슬픔 · 74

날 닮은 당신에게 · 78

귀한 사람 · 83

시소 타는 귀신 · 86

나라는 은유 · 91

산양 씨 · 94

3부
꿈의 조력자들

3월의 외투 · 100

목요일의 여인들 · 106

얼굴 그리기 · 112

일상 · 115

은빛 무리 · 119

짝사랑 · 122

언니들의 졸업 여행 · 126

달극장 · 132

위를 보는 사람 · 136

글과 그림은 어떻게 만나 이야기가 되었나? · 139

강을 건너는 사람들 · 144

4부
쓰고 그리지 못한 이야기

섬세한 즐거움 · 152

고양이 친구들 · 157

여름 냄새 · 162

선아 언니 · 166

엄마 · 169

이야기의 이야기 · 172

지금 하고 싶은 말 · 176

여름 끝에서

물살의 가장자리에서 밀려나지 않는 찌꺼기들처럼 여름은 끈질기게도 덥고 무성했다. '올여름은 참 더웠지?'라는 말을 빼고는 할 말이 없는 사람들처럼 우리는 아픈 지구에게 유구무언이다.
이런 여름 끝에서 이 책을 다시 다듬는다. 아마 가을을 지나 다른 모습으로 독자를 만날 것이다. 이 책을 내고는 몹시 부끄러워 제주행 비행기에 몸을 실었다. 도망이라 해야 하나. 매번 책을 내고 나는 누가 불러 세울까 봐 꽁지가 빠지도록 도망쳤다. 겁먹은 고양이가 되어 도망쳐도 다시 마주할 수밖에 없는 나의 이야기들. 부끄럽지만 내가 아니면 비를 맞고 서서 오래 외로울 이름들이다.

예전에 살았던 은평구 구산동에 맛있는 빵을 파는 빵집이 있었다. 어느 날 빵값을 계산하는데 점원분이 내게 책을 내밀었다. 바로 이 책이다. 나는 화끈거리는 얼굴을 감싸 쥐고 도망치고 싶었다. 아르바이트를 하면서 그림책을 준비 중이라는 독자를 두고 그럴 순 없었다. 그때 나는 이 책을 다시 다듬자고 결심했던 모양이다.

아무리 매만져도 부끄러움이 사라지지 않으리란 걸 잘 안다. 하지만 내 책 속에서 길을 묻는 그림책 준비생에게 이 책을 주고 싶다.

직접 독자들을 만나는 자리가 생기면 나는 가방에서 이 책을 꺼내 읽었다. 강연장에 두고 온 적도 몇 차례 있을 정도다. 두고 온 책을 다시 내게 전해 주는 독자도 있었다.

고맙게도 그들은 내 책을 귀하게 여겨 주었다. 그렇게 돌고 돌아 내게 온 이 책을 이제 다시 독자에게 돌려주고 싶다. 그리고 내 마음을 담은 인사 몇 줄도 함께 남긴다.

우리가 우리를 모르던 시간에도
달의 뒤편에 작은 마을이 있다는 걸 알았지.
그곳에는 잊어야 하는 마음으로 울고 있는 사람이 있고
아무도 없는 모퉁이를 돌고 있는 사람도 살고 있지.
우리가 우리를 만난 날 알았지.
싱크대에 서서 늦은 점심을 먹는 사람의 마음을,

달에 가면 달을 볼 수 없어 이곳에 남은 사람의 마음을,

바다의 바닥부터 우주의 우울까지.

내가 당신의 이야기였으면 좋겠어.

당신이 나의 그림이니까.

외로움의 모퉁이를 돌아 꿈의 언저리까지

우리 두 손을 맞잡고.

                    그림책이라는 산에서 당신이라는 희망을 만나.

                                  파주에서.

1부

지각 대장의 시시한 시작

백만 번 태어난 지각 대장

그림책을 한 권 보았다. 아니 읽었다고 해야 하나? 헷갈린다. 그 책에는 고양이 한 마리가 주인공으로 나온다. 주인공 고양이는 많은 사람의 사랑을 받지만 행복하지 않다. 이유는 자기가 선택한 사랑이 아니기 때문이다. 고양이는 다른 고양이를 만나 사랑하고 그 고양이를 잃고 슬퍼하다 죽는다. 그리고 다시는 태어나지 않았다.

한일 월드컵을 한 해 앞둔 여름, 나는 그림책을 보았다. 아니 만났다고 해야 하나? 그렇다. 이건 헷갈리지 않는다.

윤회를 말하는 책인 줄 알았던 사노 요코의 〈100만 번 산 고양이〉를 다시 보니, 자신이 선택한 삶을 살아 내는 그림책이었다. 내가 본 어떤 책에서도 이런 이야기를 읽은 적이 없다.

나는 스무 살에 집을 나왔다. 집에서 가까운 거리에 작업실이 있었고, 점점 집보다 작업실에 머무는 시간이 많았고, 자연스럽게 부모님과 떨어져 생활하게 되었다. 어릴 적부터 자립심을 강조했던 부모님께 어떤 경제적 지원도 받지 못했다.

생활비를 벌 수 있는 일을 찾아야 했다. 각종 아르바이트를 하면서 작업실 월세를 충당했고 계속 아르바이트만 할 수 없어 앞으로 무엇을 하고 싶은지 찾아야 했다.

그림을 그리고 싶었지만 무슨 그림을 어떻게 그려야 할지 몰랐고 아는 것은 오로지 돈을 벌면 시간이 없고 시간을 아끼면 돈이 없다는 현실이었다. 그러던 중 월세가 싸고 난방 시설이 없는 작업실을 구했고 그곳에서 친구와 생활하며 앞으로 내가 할 일을 찾기로 했다.

어느 날 작업실 위층에 살고 있던 언니에게 밥 한 끼 얻어먹다가 그녀의 책장에서 우연히 그림책을 만났다. 당시 창작 그림책을 준비 중이던 언니의 책장에 글자보다 그림이 많고 표지가 딱딱하고 크기가 커 책장 밖으로 삐져나온 이상한 책들이 많이 꽂혀 있었다.

언니는 이 책들을 '그림책'이라고 불렀고 절대 '동화책'이 아니라고 강조했다. 언니의 말대로 그림책은 동화책과 다른 책이다. 이후 나는 많은 사람이 그림책을 그림책으로 부르는 일이 얼마나 중요한지 종종 듣게 된다.

언니를 만나고 그림책 탐독에 몰두하기 시작했다. 그중 나를 강렬하게 흔든 책은 〈100만 번 산 고양이〉와 〈지각대장 존〉이다. 지각을 자주 하는 존이란 아이에게는 나름의 사정이 있다. 학교 오는 길에 다양한 모험을 경험하는 존에게 선생님은 지각했다는 이유로 반성문을 쓰게 한다. 거짓말을 나무라는 선생님과 자신의 주장을 굽히지 않는 존의 이야기를 넋 놓고 읽던 나는 어린 시절이 생각났다. 나는 거짓말을 자주 하는 꼬마였다. 엄마는 내가 커서 사기꾼 혹은 허풍쟁이가 되는 것만은 막아야겠다 싶어 열심히 훈육했다.

진짜 커다란 곰이나 시커먼 괴물이 내 눈에는 보였는데 엄마는 믿지 않았다. 내 귀에는 개구리가 매미처럼 울기도 했는데 엄마는 아니라고만 했다. 〈지각대장 존〉의 끝은 감동적일 만큼 발칙했다. 그림책이 무엇인지 궁금했던 나는 복사지를 꺼내 반으로 접었다.

그것을 '더미'라고 부른다는 걸 시간이 지난 뒤에 알게 되었다.

부업이 필요해

하고 싶은 일은 찾았는데 생계가 걱정이다. 평일과 주말, 쉬지 않고 아르바이트를 했다. 마침 올림픽 공원 내에 있는 경륜장에서 매표원을 모집했고 나는 1년 8개월 동안 어울리지 않는 살구색 스리피스 제복을 입고 간이 매표소 안에서 경륜장 입장권을 팔았다.

평일 낮에는 카페에서 커피를 만들고, 주말에는 경륜장에서 표를 팔아 한 달 월세 20만 원과 식비 그리고 넉넉하지 않지만, 그림 그릴 재료비가 생겼다. 술 취한 아저씨들을 상대하는 일이 짜증 났지만, 보수가 괜찮은 일을 찾기 힘들어 참고 일했다. 하고 싶은 일을 찾을 때 고려해야 할 것은 '무엇을 어떻게 참을지' 생각하는 일이다.

경륜 경기에서 판돈을 잃은 취객들이 매표소로 와 항의를 했는데 그럴 때를 대비해 매표소마다 남자와 여자를 한 팀으로 배치했다. 하지만 내가 담당한 매표소에만 남자 아르바이트생이 없었다. 나와 팀을 이룬 친구 말이 내가 남자처럼 생겼으니 괜찮을 거라 했다.

주말마다 보는 경륜장 친구들과 어느새 친해져 가끔 일을 마치고 함께 맥주를 마시기도 했다. 어느 날 경륜장 일이 끝나고 근처에 사는 친구의 집으로 아르바이트생 전원이 우르르 몰려간 적이 있었다. 친구는 자기만 쓰는 작업실이라며 낡은 2층 양옥집 문을 열었다. 그 안에 상반신만 있는 마네킹과 현란한 무늬가 그려진 옷감들이 널려 있었다.

이 친구의 꿈은 옷을 디자인하는 사람이다. 옷이 좋아 만들고 싶다고 했다. 경륜장 아르바이트가 끝나면 자투리 천을 모아 마음에 들 때까지 작은 샘플을 만들어 본다고 했다. 방금까지도 옷을 만든 흔적이 남아 있는 작업실에서 나는 비싼 병맥주를 홀짝거렸다. 취기가 오른 작업실 주인이 자기가 만든 가장 예쁜 옷이라며 남성용 양복을 한 벌 꺼내 입는다. 빨간 벨벳 천으로 만든 정장이다. 패션 감각 없는 내 눈에도 그 옷은 유행에 한참 뒤처진 느낌이 들었다. 내가 "이게 네 야심작이냐" 물었다. "응. 별로란 거 나도 알아. 그래도 내가 처음부터 끝까지 만들어 본 첫 작품이야."

남들은 유학을 가거나 유명한 매장에서 일하며 실력을 쌓는데 집안 형편 때문에 혼자 옷을 만들고 있다고 말했다. 내가 아르바이트를 끝내고 집에서 그림책을 만드는 것처럼 이 친구도 옷을 만든다. 당시 유명한 그림책 워크숍이 많았는데 전부 비싼 금액과 시간 때문에 참여할 수 없었다. 옷을 사랑하는 이 친구의 사정도 나와 다르지 않다.
"나중에 근사한 옷을 만들게 된다면 이 옷이 우스울 거야. 그래서 갖고 있어. 그런 날이 올까?"

비가 억수로 오던 그해 여름, 보림출판사 그림책 공모전에 떨어진 나는 출판사에서 되찾은 그림이 든 가방을 동네 공원 쓰레기통에 버렸다. 먼 훗날 제대로 그림책을 만들게 되는 날이 오면 많이 우스울 것 같아 버렸을까? 아니다. 내 밑천을 보는 일이 괴로웠다. 유행 지난 옷을 간직한 그 친구는 자신의 미약한 시작을 기억하고 있는데 나는 견디기 어려웠다.
꿈을 지지해 줄 무릎의 힘을 기르는 일과 시시한 나를 견디는 것, 내가 그림책을 만나 처음 한 일이다. 그리고 그 시작점에서 나는 수많은 '시작하는 사람'을 만났다.

좋은 경험

여름 오후다.

나는 소개비 8만 원을 손에 쥐고 직업소개소 의자에 앉아 있다. 소개소 직원에게 플라스틱 원통에 구리 코일 감는 일을 소개받고 땀이 축축하게 밴 돈을 건넸다. 돈을 받은 직원은 방금까지 코딱지를 파던 오른손 새끼손가락만 구부리지 않는다.

K동에 있는 탁한 초록색 페인트가 칠해진 구리 코일 공장 입구에서 내가 일하게 될 작업장까지 걸어가며 공장에서 받게 될 한 달 월급을 생각했다. 시급만 받던 내가 처음 받는 월급이다.

기계가 뱉어 내는 구리 코일을 플라스틱 원통에 감는 일은 생각보다 까다로운 작업이다. 구리 코일은 너무 가늘고 플라스틱 원통의 표면은 미끈거렸다.

더딘 내 작업 속도 때문에 함께 일하던 작업반 사람들은 자꾸만 짜증을 냈다. 당황한 나는 허공에 대고 연신 미안하다고 말한다. 그 말을 할 시간에 빨리 감기나 하라고 재촉하는 김 씨 아줌마의 비난을 들으며 나는 계속 구리 코일을 감는다. 나 때문에 다시 감아야 하는 구리 코일 양이 늘어났다. 사람들은 이제 짜증 대신 자신들에게 할당된 양보다 더 많은 구리 코일을 감았다. 나는 미안해할 시간도 없이 구리 코일을 감고 또 감았다.

나미가 베트남에서 온 남자와 연애질을 하는 것 같다고 김 씨 아줌마는 내 귀에 작은 소리로 말했다. 누군가 내 귀에 입을 대고 중얼거리는 것에 익숙하지 않아 몸을 살짝 뒤로 뺐다.
나미는 유명한 여학교를 다니는 대학생이라고 스스로 밝혔다. 과외 아르바이트를 하지 않고 학비를 벌기 위해 구리 코일을 감는다고 했다.
"공장에서 너 같은 아이를 만나 이렇게 이야기할 수 있어서 기뻐. 아주 좋은 경험이라고 생각해."
나미는 나에게 종종 이렇게 말했다.
나미가 베트남에서 온 남자와 진짜 연애라는 것을 한다면, 나미는 그 남자에게 '너를 좋아해'라고 말할지 '이런 곳에서 너 같은 아이를 만난 것은 좋은 경험이라고 생각해'라고 말할지 궁금했다.
공장 마당에서 볕으로 정수리를 마사지하고 있던 날, 나는 나미가 사 준 하얀 크림빵을 먹으며 '좋은 경험'이라는 단어에 집중했다. 나미는 자신과 내가 다른 목적으로 공장에 왔음을 강조했고 나를 많이 부족하고 안쓰러운 사람으로 생각했다.

누군가의 좋은 경험이 된 나는 그 대가로 하얀 크림빵을 얻어먹었고 나미는 그런 날 기쁘게 바라보고 있었다. 그리고 이제 내가 가져야 할 마음가짐에 대해서 생각한다. 돈을 벌기 위해 여러 일을 하다 보면 씁쓸할 때가 있겠다고, 어렴풋하게 느낄 수 있었다. 생활비가 부족한 것보다 그 편이 더 나을지도 모른다. 내가 나미의 연애에 아무 관심도 보이지 않자 김 씨 아줌마는 휑하니 작업장으로 발길을 옮겼다. 나미가 다시 좋은 경험에 관해 수다를 늘어놓던 어느 봄날, 난 다른 일자리를 찾아 공장을 떠났다.

달걀 한 판은 사치

나는 구리 코일 대신 물체 주머니를 만들게 되었다. 달걀 한 판을 사는 건 사치라고 생각하며 살았던 시절이다.

물체 주머니를 만드는 공장은 공장 같지 않았다. 넓은 사무실을 개조한 공장을 사람들은 작업실이라고 불렀다.

어릴 때 누가 주머니에 이 많은 '물체'들을 가지런히 넣었을까 상상한 적이 없었기 때문일까. 물체 주머니를 만드는 일은 구리 코일을 감는 일만큼이나 단순하고 지루했다. 나는 물체 주머니에 들어가는 노란 고무줄이 감긴 사용 설명서를 읽는다. 실험 과정을 설명한 글은 뜻이 분명하고 목적이 확실해 보였다. '고무줄로 장난치지 마세요'라는 문구가 다정하게 느껴질 만큼.

물체 주머니에 들어가는 물체들은 그날그날 달랐다. 유리구슬을 넣는 날에는 스펀지 조각은 넣지 않는다. 유리봉이 들어가는 날에는 리트머스 종이가 들어가야 한다. 나뭇조각과 유리봉이 함께 들어가는 일은 절대 없다.

대학교 다니는 사람들은 다음 학기를 기다리며 이곳에 들러 잠시 아르바이트를 한다. 그들은 나미처럼 좋은 경험이라는 단어를 쓰지 않았다. 키득거리며 웃다가 스펀지 공을 서로에게 던지는 장난을 치며 젓가락처럼 연애했다. 월급날이면 그들과 어울려 눅눅한 감자튀김에 소주를 마시고 도시락이 지겨운 날에는 돌솥비빔밥을 나눠 먹었다. 돌솥 밑에 눌은밥 한 숟가락을 서로에게 양보했다. 넉넉한 것이라고는 그 밥 한술뿐이라는 듯.

가을이 오고 그들은 학교로 돌아갔다.

눈을 감고도 주머니에 물체를 넣을 수 있을 무렵 나도 그곳을 떠났다. 단순한 일을 하고 적은 시급을 모아 무엇이 하고 싶은 것이냐고 누군가 물었다. 나는 이 질문을 자주 들었다. 삽화 일을 구하러 간 출판사에서, 가끔 만나는 가족들에게서, 그리고 모르는 누군가에게서.

주말 아르바이트로 부동산 업체에서 하는 임대 건물 조사하는 일을 했다. 특정 지역을 다니며 '임대'라고 쓰인 건물의 전화번호를 적는 일이다. 평일에는 다른 아르바이트를 하고 있었는데 하루 열 시간 넘게 아르바이트를 해도 달에 얼마 벌지 못했다. 야간 전문대를 나온 사회 초년생에게 세상은 늘 쎄했다. 그때 아르바이트하는 곳에서 운동화를 지급했다.
주말이면 그 운동화를 신고 종일 걷고 또 걸었다. 지금도 부업으로 돈을 벌면 운동화를 산다. 새로 산 운동화 끈을 단단히 묶으면 가끔 그때 생각이 난다. 취향에 맞는 운동화를 마음 놓고 살 수 있는 나이가 되면 뭐가 좀 달라지지 않을까 기대했는데. 길에서 20대의 나를 만나면 괜히 미안할 것 같다. 예쁜 운동화 신고 신나게 놀지 못해서 말이다.

나는 강연에서 받는 질문 중 수입에 관한 질문을 좋아한다. 정확하게 수로 환산해 답할 수 없지만 처음 받은 계약금과 인세를 비교적 정확한 수치로 이야기한다. 그리고 나는 그림책 작가 지망생일 때, 기회비용을 얼마나 쓸 수 있는지 되도록 정확하게 계산하는 게 좋다고 말한다. 직업으로 삼고 싶은 일을 찾았을 때, 내 통장 잔고를 확인하는 게 좋다고 말한다. 만약 돈이 별로 없거나 아예 없다면 무슨 일을 해서 돈을 벌 것인지, 누가 날 도와줄 것인지 되도록 구체적일 필요가 있다고도 말한다. 나는 지금도 부업을 한다. 전업 작가가 내 바람이다.
얼마 전 메일을 한 통 받았다.
그림책 작가가 되고 싶은데 경제적인 상황이 힘들다는 내용이 담겨 있었다. 가끔 날 설명하는 인터뷰를 할 때가 있다. 나는 짧게 '부업이 필요한 사람'이라고 답했는데 그게 인상적이었다고 메일에 쓰여 있었다. 나는 스무 살 때 집을 나와 생활비를 벌며 나름 꿈이란 걸 마치 바람난 애인 쫓듯 쫓아다녔다. 처음에는 20만 원 하던 월세가 지금은 들판을 달리는 토끼처럼 뛰고 있다.

나는 부업이 필요한 사람이다. 주업을 위해 부업을 해야 한다. 아마 주업과 부업의 경계는 없을지도 모른다.

하고 싶은 일에 주렁주렁 달린 하기 싫은 일들. 그나마 지금은 부업도 소중하고 때론 주업 못지않게 즐기고 있다는 게 예전에 비해 달라진 점이다. 부업만 하던 사람에서 부업도 하는 사람으로 처지가 달라졌다. 그림책을 하는 한 이 팔자는 달라지지 않을 것이다. 하지만 달걀은 한 판씩 사서 먹게 되었다.

2002

거리는 붉은 티를 입은 사람들로 술렁이고 있었다. 첫 공모전에서 떨어진 나는 여러 아르바이트를 전전하며 혼자 그림책 더미를 만들고 있었다. 스포츠를 좋아하지 않았고, 무엇보다 내 처지가 거리에서 붉은 악마가 되어 한일 축구전을 응원하기에 좋지 않은 상태였다. 난방 시설이 없어 작업실 벽면은 늘 얼음판처럼 냉기가 고여 그림을 고정하려고 붙인 셀로판테이프가 떨어졌다.

바닥에 나뒹구는 그림과 바깥 풍경이 심한 대조를 이루던 그때 내게 유일한 희망은 이화여자대학교 후문에 있는 '초방책방' 워크숍뿐이었다. 사노 요코 그림책을 알려 준 작업실 이웃 언니의 고급 정보에 의하면 그곳에서 그림책 워크숍이 곧 열리고 워낙 소수 인원을 모집하니 재빠르게 접수해야 한다고 했다. 지금은 내용이 기억나지 않지만, 당시 절박한 심경을 담은 자기소개서를 썼던 것으로 기억한다.

운이 좋아 예상보다 빨리 워크숍이 시작되었는데 나는 그 시간이 유난히 길게 느껴졌다. 기다린 날이 왔는데 문제는 엉뚱한 곳에서 터졌다. 첫날부터 책방 위치를 몰라 언덕길 낯선 곳에서 길을 잃었다. 우왕좌왕하는 내게 한 외국인이 다가왔다. 유창한 한국말로 내게 책방 위치를 설명해 주었다. 어학당을 다니는 외국인은 지나가다 자주 보던 곳이라며 날 안내했다. 외국인에게 안내를 받는 내 모습은 지금 생각해도 어이없다. 책방 문을 열자 워크숍을 향한 여정이 시작됐다. 나는 이 시작이 주는 의미를 긴 시간이 흐른 뒤 어렵게 알게 되었다. 이방인의 안내로 시작된 새로운 길 위에서 나야말로 그림책 세상의 이방인으로 13년이란 시간을 보내게 되었다.

워크숍의 횟수가 거듭될수록 어찌 된 일인지 내 더미만 제자리였다. 다른 동기들은 그림책을 이해하고 소재를 모으고 구조를 배열하며 착착 자신만의 그림책을 만들어 가는데 나만 그대로 멈춰 섰다. 밤새 이야기를 생각했다. 혼자 더미를 만들던 버릇이 남아 워크숍 진행 과정을 이해하지 못하고 있었던 거다. 마지막 날 그림책 더미를 발표하는 시간에 나만 미완성 상태로 더미를 공개했다.

떠돌이 개 두 마리가 동네를 돌아다니며 그럭저럭 살아간다는 내 이야기는 재미없다는 혹평만 남기고 책상 서랍으로 들어갔다. 동물과 사람이 함께 살아가는 이야기를 만들고 싶었는데 생각으로 그쳤다. 다시 생각해도 미숙하고 엉성한 구조가 아닐 수 없다. 마음이 급해진 나는 다시 길을 잃었다는 생각에 조급하고 막막했다.

훗날 이 더미가 〈점복이 깜정이〉의 초안이 되어 줄 거라고 누가 살짝 힌트를 줬더라면 내 조급함에 후춧가루 정도의 인내를 뿌려 줬을 텐데. 숙성의 시간이 주는 의미를 나는 몰랐다.

떠돌이 개들의 우정이 서랍 속에서 기약 없는 기다림을 견디는 동안 나는 다른 길을 찾아야 했다. 길을 자주 잃다 보니 나는 방향치가 되었고 날 기다리고 있는 현실은 생활비와 작업실 월세 25만 원이 전부였다. 그리고 예상하지 못한 불행의 전조가 내 몸 어딘가에서 조용히 움트고 있었다.

이름 모를 물고기

초방책방에서 함께 일할 사람을 찾는다는 신경숙 선생님의 말씀에 나는 번쩍 손을 들었다. 카페에서 일한 경험이 있고, 그림책을 공부하며 돈을 벌 기회를 놓치고 싶지 않았다. 생활을 꾸려 갈 방법을 본능적으로 찾던 나는 그림책을 공부할 기회까지 동시에 얻었다. 아침 열 시 책방 문을 열고 뒷마당을 쓸고 책 주문서를 컴퓨터에 입력하면 책방의 하루가 시작된다. 손님이 오기 전, 내가 마실 커피를 만들며 음악을 듣던 책방의 아침이 나는 좋았다. 생활의 곤궁함을 잊고 우아하게 앉아 있노라면 그림책을 사랑하는 독자로 남는 것도 좋지 않을까 생각했다.

책방 일을 마치고 집으로 돌아오면 나에게 다른 일이 기다리고 있었다. 당시 작업실 룸메이트 소개로 홍대 술집과 카페를 돌며 그림을 팔고 있었다. 겉보기에는 전시였지만 실상은 한 점이라도 팔아서 작업실 월세에 보태야 하는 좌판에 가까웠다. 그래도 다른 부업보다 마음은 편했다. 내가 하고 싶은 일

가까이에 있을 수 있었으니.

그림이 많이 팔린 날은 기분이 좋았고 아닌 날은 우울했다. 어릴 적 장사를 마치고 돌아온 부모님의 안색을 살피던 나는 돈이 기분을 좌지우지하는 삶을 살고 싶지 않았는데, 무척 건방진 바람임을 알았다. 그림을 팔아 작업실 월세를 벌고 의식주를 해결해야 하고 싶은 일도 할 수 있었다.

시간이 지날수록 생계 외에 다른 문제가 생겼다. 내 몸이 소리 없이 곪고 있었다. 새벽에 책방을 가려고 몸을 일으켰는데 오른쪽 다리에서 심한 통증이 느껴졌다. 마음에 불안이 일었다. 8년 동안 책방에서 일하며 처음 지각한 날이다. 몸은 신나게 무너졌다. 뼈가 있는 모든 부위에 통증이 들어찼다. 건강과 젊음을 과신하던 나는 그날 이후 어딘가로 사라졌다. 8년 동안 하루 빼고 지각도 결근도 하지 않았다. 다른 능력은 없는데 어딜 가나 개근이나 근속은 자신 있었다. 학생 때도 성적은 전교 꼴찌였지만, 개근상은 모두 받았다.

갑자기 오른쪽 다리가 움직이지 않아 아르바이트하면서 처음으로 택시를 잡아탔는데 길이 막혀 지각했다. 택시 안에서 내 속도 모르고 올라가는 요금을 보며 커다란 불행의 시작을 예감했다.

이대로 일자리를 잃게 될지도 모른다는 불안이 개미 떼처럼 몰려와 아픈 오른쪽 무릎을 기어다녔다. 생계도 걱정인데 그 위에 병원비를 보탤 생각을 하니 막막했다. 가난과 질병이 어떻게 만나는지, 질병은 가난과 고통을 어떻게 부풀리는지, 그때 몸으로 체험했다고 말한다면 너무 과한 것일까?

몸도 문제였지만 마음도 문제였다. 아무리 노력해도 내가 원하는 일을 할 거라는 희망이 점점 옅어져 갔다. 함께 시작한 친구들은 하나둘씩 자신의 자리를 찾아가는데 나만 세상 귀퉁이에 매달려 하루하루를 버티고 있었다. 점점 낮아지는 자존감은 어쩌면 처음부터 없었던 거라고 믿는 게 속 편하다. 약을 먹으며 그럭저럭 통증을 달랬다. 하지만 그 시간도 그리 길지 않았다. 심각한 약물 부작용이 날 붙들고 놔주지 않았다. 책방 신간 그림책이 들어오는 날, 출간 기념회가 있는 날, 기획 회의를 하는 날...... 나는 혼자 책방 화장실 변기를 닦으며 내 나이를 기억해 내려고 애썼다. 세상을 굴절해서 보기 시작했고 무엇보다 내 얼굴에서 점점 웃음기가 사라지고 있었다. 책방에서 계속 근무할 수 없었다. 아르바이트를 중단해야 그림책 더미를 만들 수 있었다. 그리고 다른 하나의 선택지는 더 늦기 전에 포기하는 것.

책방에서 내가 가장 좋아하는 창가 자리에 앉아 〈자산어보〉를 읽었다. 정약용의 둘째 형이자 학자였던 정약전이 남긴 해양 생물에 관한 보고서를 읽는데 한 문장이 눈에 들어왔다.

"자산은 흑산이다. 나는 흑산에서 귀양살이하고 있는데, 흑산이란 이름은 어두운 느낌을 주어서 무서웠다."

유배 생활을 견디며 바다 생물 백과사전을 만든 학자가 '흑산'이란 단어가 무서웠다니. 몸은 유배되었지만 정신만은 자유로운 그가 부러웠고, 인간적인 모습에 나와 비슷한 사람이 아닐까 상상했다. 나는 내 몸에 유배된 사람이고 앞날은 바닷물처럼 알 길이 없다.

책방에서 쓰다 남은 파지를 모아 절반씩 접었다. 내가 아는 동화 속 주인공들을 하나씩 그렸다. 이야기 백과사전처럼 만들고 싶었다. 시간이 남아 끄적거린 밑그림이 날마다 한 장씩 쌓였다. 이게 뭔가, 다시 더미를 만들고 있었다.

나는 책방에서 일한 8년을 캄캄한 터널 안에서 화투점을 치며 보내는 사람 같다고 생각했다. 속절없이 무용한 시간을 보내고 있다고 한탄했다. 시간의 의미를 현재 진행형으로 체감하는 사람이라면 나란 사람이 덜 멍청했을 텐데. 시간이 지난 뒤에 깨닫는 게 많아 앞날도 걱정스럽다.

되돌아보니 가장 많은 분량의 더미를 만들었던 시기였고, 머릿속과 동시에 손이 움직이는 방법을 터득한 시기기도 하다. 이야기가 도망치기 전, 바짓가랑이를 붙들고 늘어지는 방법이랄까.

오전 9시 55분, 책방에 고인 나무 향을 기억한다. 뒷마당을 청소할 때마다 빗자루에 쏠리는 낙엽색의 변화를 보고 계절을 가늠했다. 광고 없이 흐르던 클래식 FM 방송이 좋았고, 날마다 듣던 글렌 굴드의 피아노 선율도 좋았다. 구경조차 힘든 희귀한 화집과 외국 그림책이 좋았다.

시절이 한 권의 책으로 남았다면 숲속 미술관을 다녀온 뒤 그린 〈옛날 옛날 관악산에〉이다.

지금은 고인이 된 나의 스승 신경숙 선생님께 깊이 감사드린다.

투명한 그림

숲에서 길을 잃었다.

눈앞에서 택시를 놓치고 30분 뒤 다음 택시가 왔지만, 목적지를 들은 택시 기사님은 멋쩍게 웃으며 '거긴 안 가요' 한다. 난처했지만 어쩔 수 없었다. 내 두 다리를 믿고 그냥 걷기로 한다. 사람이 가기 힘든 곳은 택시도 가기 힘든 곳이겠거니 생각하고 무작정 숲속을 향해 걸었다. 시외 버스터미널에서 시내버스를 갈아타고 숲속 입구에 도착해서 택시를 몇 대 놓치고 한 시간 반을 걸어 내가 가고 싶었던 곳은 미술관이다.

스물아홉 살의 나는 더위로 익어 가는 이마에서 촛농처럼 흐르는 땀을 닦으며 숲길을 걸었다. 숲길은 모기향 모양의 원을 그리며 점점 안으로 좁아 들었다. 경사 없는 평지를 걷는데 자꾸 숨이 차올랐다. 짙은 숲 향기와 눅진한 공기가 숨통을 죄는 느낌이었다. 아마 나쁜 공기에 익숙했던 폐가 신선한 공기에 놀란 모양이다.

가래와 기침을 토해 내며 걷는데 점점 짙은 초록 숲이 어쩐지 으스스했다. 한참을 걷다가 길 끝에서 하얀 집을 발견했다. 그곳이 미술관이길 간절히 바랐다. 한 시간 반 동안 나무와 풀만 보며 걸은 사람의 바람이었는지도 모른다.

열린 문틈으로 집 안에 걸린 그림이 보였다. 커다란 화폭에 아크릴 물감이 여러 겹 층을 이룬 그림이다. 그림을 글로 표현하는 일은 매우 어리석은 일이란 걸 그날 배웠다. 나는 물감을 층층이 쌓아 올리는 방식으로 그린 그림을 보러 안성의 숲길을 걸어 목적지에 도착했고 찾던 그림을 눈앞에 두고 다리에 힘이 풀렸다.

"어머, 어서 오세요."

약속 시각보다 한참 늦은 나를 관장님은 웃으며 맞아 주었다. 그 무렵 나는 산과 하늘을 그리는 작업을 하고 있었다. 물감을 여러 겹 쌓아 올리는 방식으로 그리는 그림이었는데 나와 비슷한 기법으로 오랜 시간 작업한 작가가 숲속 미술관에 있다는 말을 듣고 찾아 나선 것이다.

걸어오느라 늦었다는 내 말을 듣고 관장님은 믿기 힘들다는 듯 나를 바라보았다.

"버스 정류장부터 걷기에는 좀 먼 길인데……"

숲속 미술관은 천장이 높아 시원한 느낌을 주었다. 라디오에서 흘러나오는 음악처럼 새들의 노랫소리가 들려왔고 나는 관장님 내외분이 차려 준 늦은 점심을 먹고 작은 소파에 앉았다. 스르르 졸음이 몰려왔다.

낯선 곳인데 이상하게 어떤 긴장감도 느낄 수 없었다. 나도 모르게 몸이 기울었다. 관장님께서 나의 머리가 낙하하는 방향으로 폭신한 쿠션을 놓아 주었다. 잠이 들면 어쩌나 걱정할 틈도 없이 나는 곤히 잠들어 버렸다.

어느 날 밤에 새끼 부엉이가 미술관 안으로 걸어 들어왔어요. 부엉이를 본 적이 없는데도 한눈에 부엉이 새끼라는 걸 알아보겠더라고요. 하도 신기해서 가까이 다가갔더니 나를 피하지도 않고 총총 걸어 다니는 거예요. 계속 두리번거리는 게 배가 고픈 것 같아 빵과 물을 조금 줬어요.

그런데 자세히 보니 이 녀석 날개 끝이 부러진 거예요. 그래서 날지 못했구나, 생각하니 안쓰럽더라고요. 일단 119에 전화를 걸어 새를 치료하는 수의사를 만나기로 했어요. 수의사 선생님이 세미나 참석 때문에 바빠서 이틀 뒤에 내가 자동차로 새를 데려가기로 했어요.

응급한 상황은 아닌 것 같고 빵과 물을 잘 먹는 걸 보니 이틀은 괜찮겠다 싶었어요.

이 새끼 부엉이가 얼마나 영특한지 내가 '총총아' 부르면 어디선가 총총거리며 내 눈앞에 나타나는 거예요. 하도 내 뒤를 총총거리며 쫓아다녀서 내가 아무렇게나 붙인 이름인데 원래 이름처럼 내가 부르면 얼마나 열심히 달려오는지, 우리 남편이 장난삼아 '총총아' 하고 불렀는데 들은 척도 안 했어요.

내가 총총이 때문에 화장실 문도 열어 놓고 볼일을 봤다니까요. 어찌나 쫓아다니던지, 저녁 식사 준비하러 텃밭에서 당근을 뽑는데 부엌 창가에 앉아 나를 보고 있는 거예요. 고개를 갸웃거리는데 세상만사가 궁금해서 못 참겠다는 표정이 우리 아들 어릴 때랑 똑같았어요.

그런데 그 기특한 녀석이 비명 한번 못 지르고 갑갑한 상자에 갇혀 죽은 거예요. 운동화 상자에 숨구멍을 뚫고 내가 입던 원피스를 깔아 두고 녀석을 넣어 뒀는데 시내에 있는 병원에 도착해서 상자를 열어 보니 딱딱하게 죽어 있었어요.

잠이 덜 깬 상태에서 나는 새의 이야기를 들었다. 새가 죽기 바로 전날, 한참 바라보았던 그림 앞으로 관장님이 날 안내해 주었다. 새가 마지막으로 감상했다는 그림은 아크릴 물감을 여러 번 겹쳐 그린 그림이다. 불투명한 물감으로 여러 색이 겹쳐졌는데 그림은 맑고 투명했다. 어떻게 이런 채색 기법이 가능할까, 지금도 의문이다.

미술관에 걸려 있던 그림과 새에 관한 이야기도 숲속을 헤매던 나의 갈망도 한참 잊고 지냈다. 그림책 〈옛날 옛날 관악산에〉를 작업하던 시절 이억배 선생님과 정유정 선생님 추천으로 안성에 있는 소나무 갤러리를 찾아갔다. 이곳에 가면 맑고 투명한 그림을 만날 거라고 선생님들이 귀띔해 주었다.
그림책을 만들며 생각한 것들을 정리하는 지금, 숲길을 다시 걷는 기분이다. 내게 있어 그림책을 만드는 일은 숲을 헤매는 것처럼 막막한 일이다. 내가 오기 전날 죽었다는 어린 새처럼 나도 그토록 보고 싶었던 그림 앞에 어렵게 섰다. 때로는 부러진 날개 때문에 총총거리며 원하는 꿈 가까이 다다르고 싶어 안간힘을 썼다.
나는 결국 맑고 투명한 그림은 그리지 못했다. 이렇게 이야기로 남기며 아쉬움을 달랜다.

이방인과 시든 토마토

오래전 사 둔 토마토가 시들시들해서 아는 언니에게 토마토 스파게티 만드는 방법을 물어봤는데 너무 복잡해서 포기했다. 친절하게 레시피를 설명하는 언니에게 토마토들이 기운을 차리도록 파이팅을 외쳐 주겠다고 했더니 언니가 나더러 만화적 상상력이 뛰어나다고 했다.

시든 토마토가 되어 버린 나에게 누군가 파이팅을 외쳐 주었으면 했다. 책방 일을 그만둔 나는 포트폴리오를 들고 무작정 출판사를 찾아다녔다. 어느 친절한 편집자 한 분이 내게 긍정적인 답을 주지 못한 게 미안했는지 따뜻한 국수를 사 주었다. 무작정 출판사를 찾아다니지 말고 공모전에 더미를 내 보라고 권유했다.

"그런데 언제까지 준비만 할 수 없잖아요."

"딱 올해까지만 하고 저도 포기하려고요."

그 후 다시 5년이 흘렀다. 여섯 번 공모전에서 떨어졌고, 한 번의 출판 기회를 놓쳤다. 여기가 끝이라면 너무 싱겁다. 인쇄 직전에 출판사로부터 일방적으로 계약 해지 통보도 받았다. 만약 신이 있다면 내가 그림책 작가가 되는 것을 무척 염려하신 모양이다. 이렇게 세심하게 훼방을 놓으시니 말이다.

공모전에 보낼 출력물을 보내려고 동네 우체국을 찾았을 때 일이다.

보낼 곳 주소를 쓰고 있는데 외국인 두 사람이 우체국 안으로 들어왔다. 아동용 자전거를 들고 우체국 안으로 들어선 두 사람의 눈에는 당혹스러움이 서려 있었다. 친절한 우체국 직원이 안내 테이블에서 나와 두 사람에게 "무엇을 도와 드릴까요?" 하고 물었다.

그들은 서투른 한국말로 "베트남에 자전거를 보내고 싶어요"라고 답하며 들고 있는 자전거를 보여 주었다. 우체국 직원은 비닐에 싸여 있는 자전거를 그들만큼이나 당혹스러운 눈으로 바라보았다.

나도 하던 일을 멈추고 그들을 보았다. 베트남까지 자전거를 어떻게 보내야 하나 걱정스러웠다. 누군가 커다란 종이 상자를 갖고 오더니 일단 포장부터 하자고 했다. 조금 지나 우체국 안에 있던 다른 손님도 그들을 거들기 시작했다. 분주하게 움직이는 직원들을 보고 있던 국장님이 나오더니 주소를 대신 받아 적어 주며 그들에게 이것저것 묻기 시작했다.

베트남에서 온 두 사람은 같은 동네에서 나고 자란 고향 친구였고 한국에 같이 와서 우체국 옆 철도 공사장에서 노동자로 일하고 있다고 했다. 두 사람에게는 각각 어린 아들이 있고 그 둘 역시 친구라고 말하며 씩씩하게 웃었다. 베트남 고향 마을에 있는 아이들에게 자전거를 보내 주고 싶었다고 말하며 두 사람은 또 한 번 웃었다.

누군가는 자전거를 넣을 상자를 만들고 누군가는 비닐 테이프를 적당한 길이로 잘라 주고 누군가는 주소를 적고 또 다른 누군가는 그들에게 아이들이 좋아하겠다며 말해 주었다.

어느새 우체국 안에 있는 사람들이 모두 그들을 돕고 있었다. 그 순간 나는 엉뚱하게도 똑같이 생긴 두 대의 자전거가 허공으로 천천히 올라 구름을 지나 바람을 가르며 베트남 어느 마을까지 가고 있는 것은 아닐까 하는 상상을 했다.

결국 여섯 번째 공모전도 떨어졌다. 누군가 나에게 파이팅을 외쳐 주면 싱싱한 토마토가 되거나 하늘을 나는 자전거가 될 텐데. 이런 조잡한 생각을 하며 시간을 보냈다.

작업실 월세를 내려고 술집에서 그림을 팔며 음악 하는 청년을 만났다. 내 그림이 갖고 싶은데 돈이 없어 못 사는 청년이었다. 마음은 그냥 주고 싶었는데 나도 그럴 처지가 아니라 그냥 있었다. 돈 벌면 그림 사러 오겠다던 청년에게 나는 돈 벌면 쌀이나 고기를 사라고 했다. 청년은 눈을 동그랗게 뜨고, 작가님도 그림 팔아 필요한 거 사야죠, 그랬다.

그러게, 우리도 돈이 있어야 밥도 먹고 병원도 갈 텐데. 돈이 있어야 그림도 그리고 기타도 칠 텐데. 돈이 있어야 데이트도 하고 놀러도 갈 텐데.

저작권을 지키고 싶었다는 어느 예술가 관련 기사에 예술 하는 사람이 너무 돈 밝힌다는 댓글이 달려 있었다. 댓글을 보고 있자니 그때 그 청년 생각이 났다. 청년은 돈을 벌었을까, 돈을 벌어 내 그림을 사러 오는 길에 더 필요한 다른 무엇을 사지 않았을까, 지금도 기타를 치며 그림을 원할까? 이젠 그런 것들이 궁금하지 않다. 내 그림을 원하던 그 마음만으로도 난 잠시 시든 토마토를 벗어날 수 있었으니까.

2부

그림책이라는 산

사전 읽는 날

나는 책을 막 다루는 편이다. 내가 가진 책은 보통 침대 아래에서 굴러다니기도 하고, 거실 가구 틈새에서 발견되기도 한다. 사전이나 도감류의 책은 대체로 화장실에서 볼 수 있다. 여섯 번째 공모전에서 떨어지고, 작업실 월세를 재촉하는 주인아저씨의 전화를 받던 날, 화장실에 앉아 사전을 읽었다. 내가 펼친 장에 '곡진하다'라는 단어의 뜻이 적혀 있었다. '매우 정성스럽다' 혹은 '자세하고 간곡하다'라는 형용사였다.

책에서 많이 보긴 했는데 뜻을 정확하게 알지 못했다. 어휘가 가난하다는 소리를 종종 듣는데 그건 아마 외국어처럼 모국어 역시 아는 단어가 별로 없어서가 아닐까 싶다. 곡진함은 감정일까, 태도일까, 정신일까? 아무래도 난 곡진함이라는 단어와 거리가 먼 사람인 것 같다. 사전을 봐도 모르겠으니 말이다. 나는 곡진하지 않아 이렇게 되는 일이 없는 걸까? 내게 되묻고 싶었다.

〈최고 멋진 날〉의 초안을 만들 때, 몸을 일으켜 세울 수 없어

누워 그림을 그렸다. 이제 실패에도 굴하지 않는 경지를 지나, '별수 없을 때는 그냥 하자'라는 경지에 이르렀다. 얼마 전 한겨레 인터뷰를 담당한 최혜진 작가가 '지지 않기로 결심한 사람에게 스며 나오는 존엄의 빛'이 나를 비춘다고 써 주었는데, 사실은 아니다. 나는 출발선에 서지도 못하고 이미 진 사람의 체념에 가까운 곡진함이 있을 뿐이다. 판매를 위한 전시도 접고, 다른 부업도 하지 못하는 상태에서 친구의 도움으로 생활을 연명했다.

누워서 그림을 그리니 자꾸만 침이 볼을 타고 흘렀다. 침이 흐르고 어깨가 아픈데 이상하게 선의 느낌은 마음에 들었다. 깔끔하게 떨어지지 않는 선이 불안한(?) 천진함으로 보였다. 이대로 계속 작업해도 될지 수차례 의문이 들었지만, 끝까지 그리기 전에 판단하기 힘들었다.

인터넷 포털 기사에 케냐에 사는 한 소녀가 우물까지 가는 데 반나절이 걸린다는 기사를 읽었다. 그럼 나는 A4 용지를 반으로 접어 소녀가 우물까지 걷는 동선을 열여섯 바닥으로 나눠 그린다. 뉴스를 보거나 신문 기사를 읽거나 누군가에게 재미난 이야기를 들으면 머릿속에서 열여섯 장면으로 나뉘며 하나의 이야기가 생긴다.

⟨최고 멋진 날⟩의 초고도 이런 방식으로 완성했다. 몸 상태가 아크릴 물감을 짜고 혼합할 수 있는 상태가 아니라서 수채 색연필로 그리고 물을 써 살짝 번지는 기법으로 채색했다. 몸을 일으킬 수 있는 날에는 물감을 조금 많이 쓸 수 있었다. 내 그림의 기법에 관한 질문을 받을 때마다 어디부터 이야기할지 난감하다. 하지만 시간과 공간 혹은 체력적 한계가 있는 사람에게 도움을 줄 수 있다면 설명하는 게 좋겠다고 판단한 뒤부터 되도록 상세하게 설명한다. 실용적으로 내 불행을 말하는 것도 나쁘지 않다.

건강을 잃은 뒤 싫든 좋든 장애를 지우고 내 일상을 생각하기 힘들어졌다. 계단을 오르내리거나 '당기시오'라고 쓰인 문을 열지 못하고 있을 때마다 내가 이제 달라진 일상을 살고 있다는 사실을 몸으로 깨닫는다. 침을 질질 흘리며 그림을 그리고 있자니 옛 생각이 났다. 명동 지하에 있는 다방에서 아르바이트할 때 만났던 만화가 지망생 친구가 해 준 이야기다.

공중목욕탕에 가면 타일이 많잖아요. 가끔 저걸 누가 저기에 붙였을까, 뭐 그런 생각한 적 없었어요?

처음 목욕탕 타일 붙이는 일을 시작했을 때 속으로 좀 신기했거든요. 어릴 적 아버지를 따라 목욕탕에 가면 일렬로 쭉 붙어 있는 타일들을 보면서 저것들은 원래 저기 있었겠지 생각했거든요. 동네 목욕탕이 그 자리에 있는 것이 하나도 신기한 일이 아닌 것처럼요. 그런데 누군가 이렇게 일일이 손으로 붙인 걸 알았을 때 신기하더라고요.

나는 중국에서 온 황 씨 아저씨랑 같이 타일 붙이는 일을 했어요. 내가 중국산 접착제를 바르면 아저씨가 일정한 간격으로 타일을 붙였어요.

접착제가 하도 독해서 헛구역질이 나는데도 아저씨를 보면 참고 일할 수밖에 없었어요. 하나밖에 없는 팔로 타일을 일정한 간격으로 붙이고 있는 아저씨의 뒷모습을 보면 존경심이 느껴졌거든요. 그렇게 외팔이 황 씨 아저씨랑 아무도 없는 목욕탕에서 조용히 타일을 붙이고 있으면 세상이 모두 고요해서 좋았어요. 뭐라고 설명하면 좋을까요? 말을 할 줄 모르는 원시인 둘이서 눅눅한 동굴 속에서 불을 피우고 있는 것 같기도 하고, 뭐 아무튼 그 느낌이 좋더라고요. 내가 늘 시끄러운 곳에서 살아서 그런가 봐요. 밤에는 만화를 그리고 낮에는 아저씨 따라 목욕탕 타일을 붙이는 일을 오래오래 하고 싶었어요.

나는 뒤집개로 뒤집은 부침개처럼 일정 시간마다 자세를 바꾸며 그림을 그렸다. 누워서 그림을 그리는 게 익숙해지니 점점 다양한 잔기술이 늘어 갔다. 붓을 손에 묶고 그리거나 쇠로 만든 자를 지지대 삼아 손에 힘을 줄 수도 있게 되었다. 황 씨 아저씨처럼 능숙하지는 않아도 말이다.

그림에도 차츰 변화가 생겼다. 잘 그리는 마법은 일어나지 않았지만, 그동안 그렸던 그림과는 다른 기법으로 그려 보고 싶었다. 당장 드라마틱한 변화를 경험한 것은 아니지만 나는 조금 다른 방향을 바라보게 되었다. 더디고 무딘 나에게 이런 작은 변화도 소중하다. 희망은 내 상태를 인지하는 것에서 시작되기 때문이다.

〈최고 멋진 날〉에서 〈슈퍼 고양이〉 그리고 〈점복이 깜정이〉로 이어지는 동물 친구들 이야기는 내게 이런 의미에서 소중한 경험으로 남는다. 다른 작가들은 어떤지 모르겠지만, 난 사실 매번 모든 작품에서 아쉬움을 느낀다.

아마 이 아쉬움이 사라진다면 그건 내가 그림책을 더는 사랑하지 않는다는 뜻이기도 하다. 매번 질문을 던지고 마감이란 시간 안에 야멸차게 돌아서는 그림책을 나는 계속 사랑한다. 이 변태스러운 사랑을 계속하고 싶다.

다음이라는 거짓말

〈최고 멋진 날〉을 내고 고민에 빠졌다. 다음 책을 내고 싶은데 여전히 편집자 만나기는 하나님 만나는 일만큼이나 확률이 낮으니 말이다. 지금처럼 편하게 편집자들을 만나던 시절이 아니었기에 나는 살기 위해 거짓말을 했다. 첫 그림책으로 끝나고 싶지 않았다. 〈최고 멋진 날〉 기획 단계부터 나에게는 동물 이야기 시리즈가 있었다고 말이다. 솔깃한 편집자와 디자이너의 눈빛을 읽은 나는 틈 없이 다음을 보여 주고 싶었다. 그래서인가 예상하지 못한 곳에서 구멍이 생겼다. 구조가 흔들렸다.

구조가 흔들리기 시작하면 하고 싶은 이야기가 방향을 잃는다. 〈슈퍼 고양이〉는 소희라는 아이와 용용이라는 고양이의 우정을 말하고 싶었던 그림책이다. 그런데 자꾸 그림 스타일을 고민하다가 구조의 흐름을 놓쳤다.

그림을 잘 그리겠다는 욕심이 좋지 않은 방향으로 흐른 것이다. 이때 알았다. 엉성한 설계도로 집을 지을 수 없다는 것을.

구조를 다시 다듬으며 처음 이야기를 생각했을 때의 마음을 떠올렸다. 잠시 다른 그림책의 더미를 만들며 숨 고르기를 했다. 예상보다 오래 걸린 〈슈퍼 고양이〉는 '용근이'라는 실제 고양이를 모델로 작업했다. 몸무게가 10킬로그램이 넘는 거대 고양이였으며, 지금도 친구 소희가 가끔 울먹이며 보고 싶어 하는 고양이다. 11년을 함께 살면서 이 둘이 내게 보여 준 것은 종을 뛰어넘는 우정과 말이 통하지 않아도 모든 것을 느낄 수 있다는 신비였다. 용근이가 떠나고 한동안 다리를 펴고 자지 못했던 소희를 위해 만든 그림책이다. 늘 종아리 부근에서 잠을 자던 용근이 때문에 무릎을 세우고 잤던 소희.

둘의 진한 우정을 그리고 싶었는데 마음처럼 작업이 진행되지 않아 속상했다.

다행히 편집자와 디자이너가 나를 기다려 주었다. 기다림은 마감의 필요충분조건이다. 이걸 아는데 종종 마감 때 누군가를 기다리지 못하고 채근할 때가 있다. 조급함 역시 마감의 교집합에 속한다고 우기고 싶다.

〈슈퍼 고양이〉가 나오고 출판사 측에서 출간 이벤트로 동물보호 단체에 사료 보내기 이벤트를 진행했다. 책만 팔 수 없는 현실 속에서 편집자에게 필요 이상의 업무가 주어진 것은 아닐까 걱정했다. 하지만 당시 〈슈퍼 고양이〉를 함께 만든 안경숙 편집자는 앤서니 브라운 대신 내 책에 이벤트를 진행했다. 더 잘 나갈 것 같은 책에 사은품을 거는 게 좋지 않겠냐고 말하니, 이벤트가 필요한 책은 정작 내 책이라고 말했다.

종종 신입 편집자를 만나는 자리에서 내가 자주 하는 말이 있다. 누군가의 시작을 봐 달라는 말이다. 아마 나의 시작을 봐 준 편집자들에게 고맙다는 말을 이렇게 우회하며 전하는 것 같다.

절박한 심정으로 한 내 거짓말에 속아 준 것도 길 위의 생명에게 정성을 모아 준 것도 두고두고 감사하다. 오랜 시간 엉성한 구조 때문에 고민하긴 했지만, 덕분에 치장보다 앞서는 게 있다는 걸 배웠다.

울음 시합

아버지 환갑 때 준비하던 그림책이 무산되고 체납된 아르바이트 시급도 못 받은 상태에서 가족들과 오리고기를 먹으러 갔다. 농장에서 운영하는 식당 평상에서 식사했다. 아버지가 내게 맥주를 따라 주었는데 빈 주머니가 속상했는지 연거푸 술을 받아 마시고 취했다. 농장 뒤편 화장실에서 소변을 보는데 하염없이 눈물이 흘렀다.

밖에선 죽음을 기다리는 불쌍한 오리들이 울고 나도 질세라 울었다. 오리들과 서로 얼마나 신세가 처량한지 경쟁하다가 화장실을 나와 아버지가 따라 주는 소주 한 잔을 마시고 "아부지이~~~지가으어허허." 우주 방언으로 뭐라고 떠들고 아버지가 운전하는 차를 타고 집으로 왔다. 간신히 책 한 권을 냈지만 내 상태는 여전히 불안했다.

언젠가 밑반찬을 주러 온 언니가 날 보더니 아버지 젊었을 때와 닮았다고 했다. 우리 집구석의 고난과 젊은 아버지의 모습을 엄마 다음으로 가장 잘 알고 있는 언니가 말했다. 육체노동을 많이 한 것에 비해 젊은 아버지는 곱고 반듯한 얼굴을 지녔다고. 내 얼굴도 아버지처럼 곱고 반듯하단 뜻이냐 물으니 그건 아니란다.

컨디션이 괜찮은 시기에는 앉아서 그림을 그릴 수 있었고 다른 부업도 병행할 수 있었다. 나는 '조금' 나아진 상태를 적극적으로 활용하고 싶었다. 내 몸에서 가석방을 허락받은 기분이다. 과로는 금물이 아니라, 내겐 꿈이다. 더미를 하나씩 만드는 것도 성에 차지 않았다. 무조건 만들고 열여섯 바닥을 넘지 못하는 이야기는 모두 버렸다. 이 이야기 만들다 막히면 저 이야기 만들고 채색 방법을 고민했다. 낮에는 최소 비용을 벌기 위해 중학교 방과 후 강사를 했다. 두 군데 학교를 돌면 월세는 충당할 수 있었다. 환갑잔치 때 오리랑 울음 시합을 하던 나는 선물 대신, 아버지를 그렸다. 〈솜바지 아저씨의 솜바지〉는 우리 부녀에게 그렇게 와 주었다.

중학생 친구들과의 수업 시간을 기다리며 편집부에 원고를 보냈는데, 별로 긍정적인 답이 오지 않았다. 지금도 안절부절못하며 편집부의 반응을 살피는데 그때는 소화 불량으로 고 생활 정도로 긴장했다. 〈솜바지 아저씨의 솜바지〉 초고를 본 정광호 주간님의 반응은 아직 있지도 않은 어린 독자를 의식하느라 있어야 할 감동이 없다는 거였다. 그리고 마지막 충고는 너 쓰고 싶은 대로 써라.

글을 쓸 시간이 충분하지 않아 마음이 조급했다. 수업 시간을 기다리며 학교 근처 카페에서 2500원 하는 커피 한 잔을 시켜놓고 글을 썼다. 글은 자꾸만 산으로 가고 나도 글을 따라 떠나고만 싶었다. 그림책 글쓰기에 관해 궁금해하는 사람들을 만나면 이때 경험을 들려준다. 그림책을 위한 글쓰기란 없다고 말이다. 적어도 내겐 그렇다.

그림책이란 장르의 속성을 의식하는 것은 내게 맞는 글쓰기 방식이 아니다. 지금도 그렇고 앞으로도 그럴 것이다. 그림에 글을 맞추는 것도 글에 그림을 맞추는 것도 아닌, 나만의 방식이 필요했다. '꽃이 피고 지는 줄도 모르고 새가 울고 우는 줄도 모르고' 일을 한 솜바지 아저씨에게 어떤 사정이 있었는지 그 이야기를 들려주고 싶었다. 짧은 메모에서 시작한 원고는 산길을 헤매다가 어이없는 계기로 제자리로 돌아왔.

중학생 아이들과 수업을 하는데 한 아이가 아빠를 소재로 글을 썼다. 원래 글쓰기 싫어하는 아이라 랩 가사라고 생각하고 쓰라고 했더니 술술 쓰기 시작했다. 내가 그 친구에게, 넌 아빠한테 하고 싶은 말이 많구나, 했더니 그 친구 대답이 멋졌다.
"나는요, 아빠한테 뻥을 못 치거든요."
아빠에게 늘 솔직하다는 아이의 말을 듣고 내 그림책 글의 방향을 바꿨다. 문장을 꾸며 쓰지 않고 솔직하고 담백하게. 명문장을 쓰겠다는 욕심이 내 눈을 가렸다는 걸 늦기 전에 알게 되어 다행이다.

〈솜바지 아저씨의 솜바지〉가 나오고 얼마 지나지 않아 친구들과 노래방에 갔다. 새치가 듬성듬성 난 친구들의 정수리가 노래방 불빛을 받아 노랗게 익어 있었다. 맥주 두어 잔에 발그스름해진 눈가에 피곤의 그림자가 깊게 드리워져 있었다.
이제 더는 젊다고 말하기 어려운 중년의 세 여자가 노래방에 모여 조촐한 송년회를 하는 자리였다. 일행 중 누군가가 각자 아버지의 18번을 부르자고 제안했다. 막걸리와 파전을 좋아하는 친구가 일어나 '칠갑산'을 불렀다. 학교 선생님이었던 아버지가 체면상 부르던 공식적인 18번이라고 했다. 친구는 아버지 생전에 진짜 18번이 뭐냐고 한번 여쭤볼 걸 그랬다고 말했다. 닭튀김에 맥주를 곁들여 먹는 걸 좋아하는 친구는 엇박

자로 '단장의 미아리고개'를 불렀다. 어렸을 때 아버지를 여읜 친구의 기억 속 18번이라고 했다.
마지막으로 내가 일어나 아버지의 애창곡을 불렀다.

이제는 애원해도 소용없겠지.
변해 버린 당신이기에.
내 곁에 있어 달란 말도 못 하고.

내 아버지의 18번 '무정 부르스'.
새벽 일터로 나갈 때 솜바지를 입으며 나지막이 부르던 노래다. 일손을 놓고 컴퓨터 노래방 프로그램에 맞춰 부르던 노래다. 술에 취해 부르고, 할아버지 제삿날 밤을 치며 부르던 노래다. 어쩌면 허전한 날, 홀로 불렀을지도 모르는 노래다. 노래방을 나오며 알았다. 나만 아버지의 애창곡을 제대로 알고 있다는 것을. 내 곁에 아직도 아버지가 있다는 사실을. 이제는 '애원해도 소용없는' 것은 떠나간 님이 아니라 세월일지도 모른다는 것을. 노래방에서 불러 보는 아버지의 노래처럼 〈솜바지 아저씨의 솜바지〉는 차마 입조차 떼지 못했던 나의 사랑 고백쯤 되려나.

밑그림은 지도일 뿐

내 그림에는 정확한 밑그림이 없다. 설렁설렁 그린 스케치는 있지만 치밀하게 계산된 밑그림이 없어 망친 그림이 많다. 그래서 재료비가 많이 드는 편이다. 하지만 망친 그림이 아깝거나 망칠까 봐 두렵지 않다. 용감해서가 아니라 밑그림에 정성을 들이지 않은 대가로 여기기 때문이다.

〈점복이 깜정이〉 원화를 그릴 때, 나는 오래된 물건 하나를 버렸다. 하찮은 세간살이에 내다 버릴 물건이 있다는 게 신기했다. 바로 라이트 박스다. 당시 밑그림을 정밀하게 그리고 그걸 원화 그릴 종이 위에 다시 정밀하게 옮겼다. 형광등이 들어 있는 상자인데, 불빛이 종이를 비추면 밑그림을 정확하게 투영한다. 라이트 박스에 대고 밑그림을 정교하게 베끼는 습관을 버리고 싶었다.

스케치 단계에서 느껴지는 자유로움이 왜 원화에서 사라질까, 그게 궁금했다. 떠돌이 유기견 두 마리가 자유롭게 생활하는 내용의 그림책이 자유롭게 보이지 않아 원인을 찾고 싶었다. 당시 유명한 일본 그림책 작가인 초 신타의 그림을 보는데 색과 색 사이로 보이는 연필 선이 신기했다. 나에게 연필 선이란, 그림에서 보이면 안 되는 봉제선 같은 거였다. 밑그림이 그대로 보이는 대가의 그림을 보니 내 오랜 습관에 금이 가기 시작했다. 정교하고 침착하게 레이어를 쌓은 뒤 한 번에 무너뜨리는 천진한 그림은 어떻게 그린 그림일까? 멀리 일본으로 편지 한 장 보내고 싶었다.

편지 대신 스케치 위에 바로 물감을 바르기 시작했다. 처음에는 연필 선이 보이는 지저분한 그림을 감당하기 어려웠다. 하지만 참고 그렸다. 그런데 내가 원하던 효과가 조금씩 모여 그림이 편안해 보였다. 처음부터 성공적이지 않았지만 연습하면 괜찮을지도 모른다는 확신이 생긴 시점은 〈점복이 깜정이〉가 출간된 직후였다. 이후 내게 밑그림은 그림책을 만드는 지도일 뿐, 지도를 따라 걷지만 걷는 행위 즉 그림을 그릴 때 내가 믿는 건 내 손이 직접 감지하는 느낌이다. 느낌을 믿는 게 쉽지는 않다. 그림을 제대로 배운 적 없는 나로서는 지도에 없는 길을 걷는 것과 같다.

하지만 지도의 역할을 체감하고 나자 다른 것이 보였다. 그림을 전공하지 않은 사람들이 흔히 갖는 고민을 이해했고 나만의 작은 팁을 줄 수 있었다. 정통 회화 방식이 그림을 그리는 기초 혹은 입문에 해당한다는 믿음이 조금씩 무너졌다. 그림에 어떤 규칙이 있는지 몰라도 적어도 내겐 어떤 것도 규칙이 될 수 없다는 걸 조금씩 배워 나갔다. 작은 자물쇠 하나를 연 셈이다.

지도를 그리는 일은 여전히 어렵다. 하지만 내가 얽매인 관념으로부터 홀가분해졌다. 내가 원하는 건 매끈하게 잘 그린 그림이 아니라 이야기와 보폭을 맞춰 걷는 그림이다. 오늘도 지도를 그린다.

소장님께

붉은 벽에 기대어 잠이 들었어요. 연극이 시작되려면 시간이 많이 남아 앉아서 잠시 쉰다는 게 선잠이 들어 버린 거예요. 추운 날 낯선 공간에서 선잠이 들었다 깼는데 이상하게 몸이 가뿐했어요. 그날 본 연극에서 "젊은 날의 사랑은 여름밤 짧은 꿈 같아요"라는 대사가 있었는데, 극을 보는 중에 추운 날 선잠은 무엇에 비유하면 좋을지 잠시 생각했어요.

아차, 성격이 급해 인사가 늦었어요.

잘 지내시죠?

그날 연극이 끝나고 일행과 함께 근처 선술집에 모여 늦은 저녁을 먹었는데 기억하세요? 연극 이야기를 하다가 자연스럽게 꺼낸 단어가 있었으니 바로 '사랑'이었어요. 무엇을 사랑이라고 말하는지 또 사랑을 무엇에 비유하는지, 우리는 서로 묻고 답했어요. 지금 생각하니 조금 민망하지만.

"나는 영화 '조제, 호랑이 그리고 물고기들'을 좋아해요."

소장님이 불쑥 이 영화 제목을 꺼냈던 것으로 기억하는데, 기억이란 대개가 이렇게 모호하고 불친절하네요. 나이가 들수록 더욱. 사랑 이야기를 하는데 웬 영화 이야기를 하는지 의아해하는 사람은 아무도 없었죠. 사랑은 두서없는 이야기처럼 시작되고 끝나고 또 반복되는 것이니까. 소장님께 그 영화를 좋아하는 이유를 물었더니, 사랑할 때 생기는 부채감을 그리는 영화라 좋다고 답했죠.

영화 '조제, 호랑이 그리고 물고기들'은 남녀의 사랑에 대해 말하고 있지만, 나에겐 성인들의 성장 영화처럼 보였어요. 이 영화가 내게 특별하게 다가온 시기가 있었죠. 내가 난치성 질환 환자가 되고 장애에 대한 공포를 느끼기 시작할 무렵 이 영화가 개봉했어요. 몸이 불편해 극장에서 관람하지 못했고 한참 기다려 비디오로 감상했고 이후 재개봉했을 때 드디어 극장에서 볼 수 있었죠.

주인공 조제는 장애가 있고 츠네오란 남자를 만나 사랑을 나누고 기억을 공유하고 이별에 직면하고 아파하고 또 살아가죠. 하지만 진짜 이야기는 그다음에 시작된다고 생각해요. 이별 뒤 시간이 흐르고 정갈하게 차려진 밥상과 전동 휠체어를 탄 조제의 뒷모습이 보이며 영화는 끝이 나요.

나도 조제처럼 씩씩하고 싶었어요. 이 영화가 나에게 사랑 이야기만으로 남지 않은 이유죠. 하지만 현실의 나는 질병 앞에서 가끔 넘어지고 넘어진 자리에서 일어서길 주저해요. 내 안에 조제는 없고 영화는 영화일 뿐이죠.

나는 글로 쓸 수 없는 이야기는 그림으로 그리고 그림으로 그릴 수 없는 이야기는 글로 쓴, 첫 산문집을 세상에 내놓았어요. 이 책을 쓰며 아픈 몸에서 정신을 살짝 분리할 수 있었어요. 누가 어떤 출판사가 좋은 출판사냐고 물으면 내 책 내 주는 출판사가 좋은 출판사라고 답해요. 이런 이상한 말을 아무렇지 않게 하기 시작한 게 첫 산문집을 낸 이후가 아닐까 짐작해요.

〈안녕하다〉에 관한 추억이 많아요. 영등포 뒷골목에서 행사 마치고 마셨던 소주는 빈속에도 다디달았어요. 북촌 비탈길에 있는 전시장에서 원화 전시를 하던 11월 어느 날, 낯선 여행자를 만난 일도 지금까지 생생하게 기억해요. 이 기억은 믿어도 좋아요.

전시 첫날 나는 전시장에서 관람객들과 눈인사를 나눴죠. 한차례 사람들이 빠져나가고 한산한 오후, 전시장 문이 열리더니 긴 생머리를 양 갈래로 묶은 여자가 들어왔어요.

그녀는 활짝 웃으며 내게 다가와 벽에 걸린 그림을 가리키며 낯선 언어로 말을 건넸어요. 그림을 구경해도 괜찮은지 묻는 듯했죠. 빠르지도 느리지도 않은 속도로 그림을 보던 그녀는 사진을 찍고 싶다는 몸짓을 보내왔고 나는 가볍게 고개를 끄덕였어요. 그녀가 메고 있는 커다란 가방에 달린 알록달록한 오색 인형들이 명랑하게 흔들거리고 있었고, 나는 알아듣지 못하는 외국어에 대한 공포로 살짝 어깨를 움츠리고 있었어요. 그녀는 내게 다가와 알 수 없는 말을 빠르게 늘어놓았죠. 나는 불시착한 우주 정거장에서 외계 생명체를 만난 우주인처럼 어정쩡하게 웃고만 있었어요. 만국 공통어인 영어조차 내게 소용없다는 것을 안 그녀는 휴대폰을 꺼내 빠른 속도로 문자를 치기 시작했어요. 그녀가 내게 건넨 첫 문장은 "그림이 아름답다" 그다음 문장은 "당신이 이 그림을 그린 작가인가요?"였어요. 나는 나만의 만국 공통어인 미소로 그녀의 물음에 답했어요. 그녀와 나를 이어 주는 휴대폰 번역기가 신통방통한 신문물처럼 느껴졌어요.

나는 일본에서 한국으로 여행을 왔어요.
이름은 '아야'라고 합니다.
나이는 많지만, 영화배우가 되고 싶어요.

늦게 시작했지만 난 꿈을 이루고 싶어요.
당신이 그린 그림이 아름다워요.
당신은 꿈을 만났나요?
나도 내 꿈을 만나고 싶어요.

그녀의 휴대폰 번역기는 짧은 시간 동안 부지런히 돌고 있었고 나는 고작 고개나 끄덕이며 웃기만 할 뿐이었죠. 일본어가 단 한 마디라도 부드럽게 튀어나와 주길 바라는 건 아무래도 무리인 듯 싶었어요. 일본어 대신 내 그림이 담긴 엽서에 짧게 한글로 인사를 남겼어요.

내가 그린 그림을 좋아해 줘서 행복합니다.
우리 다시 만나면 아야가 만난 꿈을 내게 들려주세요.
행복한 여행자 아야에게 친구 정순이가.

엽서를 가방에 넣고 그녀는 나를 세차게 껴안았어요. 난 얼결에 안긴 낯선 여행자의 품이 싫지 않아 잠시 눈을 감았죠. 그녀가 품은 꿈이 그녀를 너무 힘들게 하지 않았으면 좋겠다는 바람을 품고요. 다시 눈을 떴을 때 그녀 뒤로 난 사각형 창에 겨울 볕이 그림처럼 걸려 있었죠. 그녀가 떠나고 그녀의 휴대폰 번역기 마지막 문장이 어쩌면 내가 만나고 싶은 마지막 꿈일지도 모른다는 생각이 들었어요. 어느 날, 날 찾아온 낯선 방문자처럼.

"아름다운 그림 계속 그려 주세요."

이렇게 편지를 쓴 이유를 이제 아시겠죠? 첫 산문집이 내게 준 의미를 설명하고 싶었는데, 무엇을 위한 설명인지 모르겠어요. 글쓰기는 아픈 몸으로 사는 나에게 마지막 선택지라는 걸, 내 첫 산문집이 알려 주었어요. 고맙다는 말을 이토록 길게 하는 걸 보니 전 아무래도 아직인가 봐요.

멀리서 친구가.

정말 바람이 불까?

첫 산문집을 준비하면서 다시 건강이 나빠졌다. 자꾸만 내 안에 있는 정지 버튼에 손이 가던 그해 겨울, 자살 충동 억제가 불가능한 상태라는 진단을 받고 상담 치료에 들어갔다. 그런 와중에 출판사를 시작하는 친구에게 더미를 보냈다.

더미를 만들고 그림책이 나오는 동안, 마실 다니며 함께 노는 동네 친구들이 생겼고 친구와 같이 쓰는 마트 적립금이 제법 늘었다. 몇 권의 그림책을 만들었고 지금도 만들고 있다. 더미가 책의 형태를 갖추는 동안 무하마드 알리가 떠났고, 나에게 몇 개의 합병증이 생겼으며 꿈에서 김득구 선수를 만났다. 친구에게 개업 선물로 그림책 더미를 보내면서 '실패에 관한 이야기'라고 했다. 새로운 일을 시작하는 친구에게 계속 쓰러지는 '나'를 보여 준 심술에 대해 사과하고 싶지만, 마음이 태평양 같은 친구라 그냥 넘어간다.

그만 살고 싶은 마음을 주체하기 힘들 때 목탄을 들었다. 목탄이란 재료가 가진 특징은 가루로 이뤄진 단단함에 있다. 목탄을 쓰고 싶다고 결정한 건 나인데 까만 가루를 들이마실 때마다 후회했다. 어떤 정착액도 목탄을 진정시키지 못했다. 함께 책을 만든 디자이너 고선아 실장님이 그림을 다듬는 데 든 노력과 정성은 따로 설명하지 않겠다. 본문에 실린 글자 하나하나 만들어 새긴 것도 아는 사람은 안다고 생각한다. 사랑은 상대에게 날개를 달아 주는 것이라고 에리히 프롬이 말했다. 고선아 실장님은 날 사랑하는 거다. 아니라면 이런 과정을 감내할 이유가 없다.

사람들이 주로 말하는 〈가드를 올리고〉의 특징은 글과 그림이 다른 상황을 그리고 있다는 점이다. 엇나간 주먹처럼 이상하게 보일지도 모르는데 그렇지 않았다. 권투 경기를 그대로 보여 주는 책이 어떤 매력이 있을지 걱정이라는 편집자 말에 처음에는 화가 치밀었다. 권투 경기를 하는데 그럼 산에 오르는 사람의 심경을 담으리? 화가 난 상태에서 50종류의 다른 글을 썼다. 쓰면 쓸수록 나더러 어쩌란 말이냐, 하는 마음이 컸다. 편집자는 더 웃픈 글을 원했지만 난 산을 오르는 글에서 마음이 한 발짝도 움직이지 않았다. 귀는 열어 두되 마침표를 찍는 건 나라고 고집을 부렸다. 이건 진심으로 미안하게 생각한다.

〈가드를 올리고〉가 나오고 한동안 허전했다. 더 잘하지 못한 아쉬움과 이제 끝났다는 안도감 사이에서 마음을 잡지 못했다. 그런 나를 고선아 실장님이 다잡아 주었다. 살기 싫어져도 넌 네 몫을 살아 내라고, 〈가드를 올리고〉를 거짓말로 만들지 말라고 했다.

열다섯 살 때, 같은 연립에 살던 또래 여자아이가 있었는데 그 아이는 희귀성 질환을 앓고 있었다. 종아리뼈만 자라는 병이라 1년에 몇 번씩 수술했다고 한다. 소문 좋아하는 어른들 말로는 수술비 때문에 결국 이사 갔다고. 아이를 마지막으로 본 건 비가 억수로 쏟아지는 여름 어느 날 동네 구멍가게 앞이었다. 목발을 짚고 어깨로 우산대를 받치고 있는 그 아이의 모습은 절도 있고 능숙했다. 단단한 인상과 빗물이 뚝뚝 떨어지는 검은 비닐 사이로 보이던 웨하스 과자가 기억에 남는다.
골목이나 슈퍼에서 마주칠 때면 자신을 안쓰럽게 보는 사람들 앞에서 그 아이는 늘 당당했다. 누군가의 호의도 그냥 받는 법이 없었다. 고집 센 아이라고 수군거려도 아랑곳하지 않았다. 내게도 지팡이가 하나 있다. 긴급할 때를 제외하고 잘 쓰지 않는다. 아직 내게도 어릴 적 그 아이처럼 단단하게 지키고 싶은 일상이 있다. 아마 〈가드를 올리고〉를 만들고 나는 살기를 결심했는지 모른다.

가끔 〈가드를 올리고〉만큼 혹은 그걸 넘는 무엇을 기대한다는 말을 듣는다. 기대는 감사하지만 '가드를 올리고'는 〈가드를 올리고〉가 마지막이다. 책은 나와 편집자 그리고 디자이너와 함께 머리를 모아 만들 수 있지만, 이야기는 우리의 노력으로 얻을 수 없다. 삶이 걷는 방향을 따라 움직이는 이야기는 더욱 그렇다. 나에게 주어진 시간을 살고 그 안에서 만난 이야기를 사람들과 함께 책으로 만든다. 이야기를 위해 삶을 살 수는 없지 않은가.

이 책을 만들 때 처음에는 멋진 책에 대한 이상이 컸고 시간이 흐를수록 내 자의식과 지나친 자기애가 발목을 잡았다. 마지막 순간에는 완주만 바라게 되었다. 감히 권투 선수에게 나를 이입하다니. 책이 나오고 누군가 내게 터닝 포인트로 삼으라고 조언했지만 난 어디서 턴을 해야 하는지 죽을 때까지 모를 공산이 크다. 오늘도 제자리를 도는 팽이 신세니 말이다.

지금 와서 실토하는데 당시 독자분들이 남긴 후기도 제대로 읽지 못했고 누군가 '이 책 별로네' 하면 심정지 상태에 이르지 않을까 쪼그라들었다. 하지만 걱정했던 것보다 많은 격려를 받았다.

쓸쓸한 빨간 주먹이 세상을 떠돌며 오래 이야기로 살아가길 바라는 욕심을 부려 본다. 나를 닮은 당신들에게 들려주고 싶은 이야기로 남길 바란다.

책으로 만들어진 〈가드를 올리고〉를 보러 가는 길에 바람이 몹시 불었고, 가로수 잎사귀 위로 어제 내린 눈이 남아 햇빛에 반짝였다. 이제 스스로 정지 버튼을 누르기 위해 안간힘을 쓰지 않을 것이며 책을 만들며 조용히 늙어 가면 좋겠다. 아무도 없는 모퉁이에서 다시 가드를 올린다고 책은 말하지만, 신기하게도 책을 만드는 동안 혼자가 아니었다. 아무도 없을 것 같았던 링 위에 함께해 준 사람들이 있었고 가드는 내 의지만으로 올릴 수 있는 것이 아니었음을 알았다.

열다섯 살 여름인가 주말의 명화를 보는데 주인공이 적에게 몰려 궁지에 빠지자 "구차하게 목숨을 구걸하지 않겠다"라고 큰소리를 뻥뻥 치는 장면에서 잠시 생각이 많아졌다. 구차하게라도 살고 싶은 게 나쁜가, 구차하게라도 살고 싶은 건 도리어 강한 게 아닐까. 나 같으면 나 외에 아무도 다치는 사람만 없다면 살려 달라고 애원하지 않을까.

구차하게라도 살겠다는 것은 많은 걸 책임지겠다는 뜻이다. 주말의 명화 주인공 마음을 조금 이해했다. 어쩜 그는 편해지고 싶었는지도 모른다. 그래도 난 사는 게 어렵다고 느껴질 때 적에게 당당하게 말하겠다. 살려 주세요!

철사로 만든 슬픔

땅에 누워 하늘을 봤다. 살갗에 차가운 것이 닿았다 녹는다. 눈이다. 눈은 부지런히 땅으로 낙하했다. 여행이 무서웠다. 성하지 않은 다리로 빙판길을 걸을 수도 없었다. 혼자 온 여행 첫날 낮에 오름에 오르다 굴렀다. 궂은 날씨에 아무도 없는 벌판에 홀로 누웠다. 욕실 바닥에 미끄러져 맨몸으로 누워 있을 때처럼 막막하다. 대자연이 주는 아득함과 밀폐된 공간이 주는 적막감이 크게 다르지 않다.

나는 그날로 관광은 포기한 채 숙소에 갇혀 꼬박 열흘을 보냈다. 이른 아침 숙소 앞에서 바다를 보고 카페에서 몸을 녹이고 근처 편의점에서 도시락을 먹는 서너 시간을 제외하고 숙소가 있는 마을을 벗어나지 못했다.

열흘 내내 눈이 내렸다. 내 이름이 고정순이 된 이후 그렇게 많은 눈은 처음 본다. 섬이란 특성 때문에 고립감을 더욱 강하게 느끼는 것 같다. 이런 날씨에도 사람들은 밭에서 양배추를 뽑고 무를 뽑고 어망을 손질한다. 처음에는 자연 풍광에 감탄했는데 시간이 지날수록 일하는 사람들의 모습이 더 눈에 들어온다. 휴대폰으로 사진을 찍고 편의점에서 산 볼펜으로 그림을 그렸다. 노트북으로 사진을 전송하고 그래픽 프로그램을 이용해 그림을 그렸다. 물감이 없어 제주의 산과 바다, 하늘을 찍은 사진을 물감 대신 바닥에 깔고 볼펜으로 그린 그림을 그 위에 얹었다. 〈철사 코끼리〉는 그렇게 내 곁에 와 긴 울음을 울었다.

제대로 먹지도 자지도 않고 그림을 그렸다. 정신을 차리니 여긴 제주도. 컵라면 먹고 다시 마우스와 노트북. 엄마가 전화로 저녁 뭐 먹었냐고 물어서 갈치조림 먹었다고 둘러댔다. 내일은 성게미역국과 복지리 먹을 거라고 거짓말했다. 다 산책하다 본 음식점 메뉴들이다. 외워 두길 잘했다. 나는 왜 여행을 와서 그림책 더미를 만들고 있을까. 달라는 사람도 없는데 왜 자꾸 만들까. 짐을 챙기고 숙소 문을 닫기 전, 큰 소리로 울었다. 잊어야 하는 마음으로 울고 있는 사람은 나였다.

제주에서 서울로 온 뒤 출간이 확정되고 한참 이곳저곳 수선할 곳이 많았다. 코끼리 친구를 잃고 슬픈 소년의 심리를 나내려면 둘이 행복했던 과거가 있어야 한다는 의견도 있었지만, 내 생각은 달랐다. 내가 집중하고 싶은 것은 이별 뒤 시작되는 진짜 이별이다. 충분히 슬퍼한 뒤 마주하는 이별이 더 중요했다.

"엄마가 만들어 준 옷을 입고 엄마한테 투정을 부리고 있었어. 기분 좋은 투정이었어. 그런데 순간, 엄마가 죽었다는 사실이 생각나서 꿈에서 아빠를 불렀어. 아빠한테 엄마 죽었잖아? 그랬더니, 엄마가 사라져 버렸어. 그 순간 아빠도 돌아가셨다는 사실이 기억났어."

가족을 잃은 사람의 꿈 이야기를 들으며 데헷의 슬픔은 어느 방향으로 흘러갈지, 마지막 장면에서 바람에 울리는 종소리는 어떤 소망을 담아야 할지 생각했다.
지루하고 길다고만 여겼던 유년의 어느 날이 지금은 꿈같은 시간으로 남았다고 슬픈 꿈을 꾼 당사자가 말했다. 기적이나 행운 따위를 바라는 마음은 앞날을 모르는 인간들이 품는 희망의 다른 모습인지도 모르겠다. 글과 그림을 쓰고 그리는 이유도 마찬가지 아닐까.
계절에서 계절로 흘러가듯 이별이 찾아오고, 나는 인사도 못하고 많은 사람과 헤어졌다. 이별은 느끼지 못하는 사이 시큰

대는 상처를 남긴다는 사실도 경험으로 알고 있다. 그런 이유로 나에게 편한 이별은 단 한 번도 없었다. 앞으로 나는 시간의 물리적 흐름보다 살아 있는 순간을 자각하는 데 집중할 것이다. 그러니까 내가 몇 살인지 누구를 몇 년 동안 알고 지냈는가 따위는 중요한 문제가 아니다. 1분처럼 아까운 10년이 있을 뿐이고, 10년처럼 지루한 1분이 있을 뿐이다.

불현듯 닥치는 이별 앞에서 아파하는 사람에게 '내 마음도 당신과 같다'라고 말하고 싶은데 아는 언어가 그림책뿐이다. 충분히 슬퍼하고 자기 앞의 생을 적절하게 긍정하길.

날 닮은 당신에게

친구가 작업실 천장에 물이 새 고생한 이야기를 하다가 "내 사주에 불만 있고 물이 없대. 그래서 이사 가는 곳마다 물이 새" 하길래 사주나 별자리, 혈액형 등등을 믿지 않는 내가 "물이 새는 건 우수관이나 배수관 문제지, 네 팔자 탓이 아니야"라고 했다.

우주의 기운이나 보이지 않는 힘을 믿는 것은 자유지만, 사람의 가장 약한 부분을 파고드는 미신 따위 그냥 심심풀이 땅콩으로 여기라고.

생명의 순환과 이치를 믿는 것과 미신을 믿는 것은 다른 문제다. 우리는 모두 불완전한 존재이기에 타인과 더불어 사는 것이지 팔자가 사나워 불행을 숙명으로 여기고 살 필요는 없다. 내 사주에는 불뿐이다. 우주 대폭발 할 만큼 커다란 불이라는데 피부 건조한 거 빼곤 불의 본성을 모두 피해 그럭저럭 산다. 나는 그림책 속 등장인물을 생각할 때, '소심하고 소박하며 피자를 잘 먹는 아이' 혹은 'B형의 사수자리에 성급하고 질투심

많은 아이' 이런 분류법을 쓰지 않는다. 사람은 그렇게 단순하지 않고, 단순하게 나열한 사람이 어떤 사람인지 감도 잘 오지 않는다. 나도 누군가에게 '혼자 살면서 성질은 급한데 김치 없으면 밥 못 먹는 여자'로 기억되고 싶지는 않다. 나는 '비가 오면 생각나는 그 사람'쯤으로 기억되는 쪽이 훨씬 좋다.

화실 다닐 때 손재주가 좋은 친구가 있었다. 내가 손재주가 좋다고 칭찬하면 친구는 서늘하게 웃었다. 서늘한 미소가 쓸쓸해 보여서 나는 더 자주 칭찬했다. "여자가 손재주 좋으면 팔자가 드세다고 그래." 나는 그 말에 화가 났다. 누군가의 재주를 저주하다니, 가당치 않다. 그 친구는 태어나 아빠 얼굴을 딱 한 번 보았다고 했다. 더운 여름날, 아이스바를 사 주셨는데 다 녹아서 먹기 힘들었단다. 아이스바를 내민 손이 자신의 손과 닮았던 것 같다고 했다. 편견과 미신 그리고 차별과 혐오, 이런 정서를 담은 말들은 무신경하게 사람을 찌른다. 그 친구는 '아빠 없는 아이' 혹은 '손재주 좋은 팔자 드센 여자'라는 말을 들으며 살아왔고 자신도 모르게 그 말에 주눅 들었다고 했다.

소래포구 살 적, 추석에 문을 여는 미용실이 있었다. 예쁜 아줌마가 혼자 하는 미용실인데 어른들 말로는 병이 있어 아이를 못 낳는 여자라고 했다. 뒤에서 나쁜 소문이나 소곤대기 바쁜 동네 사람들을 상대로 장사를 하다 보니 아줌마는 어울리지 않는 농담을 하느라 피곤해 보였다.

이유는 모르겠지만 머리를 자르다가 그런 아줌마의 표정을 거울로 살피곤 했다. 추석날 텅 빈 미용실 앞 플라스틱 의자에 앉아 손톱을 깎던 아줌마의 모습은 영업용 웃음을 보이던 평소보다 편안해 보였다. 오후가 되면 누런 볕이 미용실 안에 가득 고였다. 이 또한 평온해 보였다. 동네 아저씨와 야반도주를 하기 전까지 아줌마는 그렇게 명절을 보냈다. 가끔 엄마가 준 송편을 갖다 드리면 나를 보고 희미하게 웃었는데 어린 마음에 무척 예쁘다고 생각했다. 부도덕하고 팔자 센 여자라고 동네 사람들이 두고두고 욕을 했는데, 기쁨도 슬픔도 어떤 감정도 담기지 않은 얼굴로 희미하게 웃는 사람을 보면 그 아줌마 생각이 난다.

가족을 소재로 한 그림책을 만들었다.

〈엄마 왜 안 와〉와 〈아빠는 내가 지켜 줄게〉 두 책 모두 정확한 스케치도 더미도 없었다. 이런 무책임한 시작을 믿고 그림책이 나오기까지 기다려 준 편집자에게 미안하다는 말을 전한다. 〈엄마 왜 안 와〉는 〈슈퍼 고양이〉 회의 때문에 집에서 기다리는 어린 아들을 걱정하던 편집자를 위해 만든 책이다. 〈아빠는 내가 지켜 줄게〉 역시 내 주변에 있는 택배 기사의 모습을 담았다.

주변 인물을 책에 담을 때, 최대한 그를 잘 모른다는 마음으로 그린다. 그들은 내가 아는 사람이 아니라, 이야기 안에 존재하는 허구의 인물이 되는 것이다. 조금 안다고 다 아는 것처럼 굴 수 없다. 인물과 나 사이의 거리감, 그 안에 반드시 이야기가 있어야 한다.

두 책의 공통점은 가족 이야기라는 것을 제외하고 또 있다. 바로 거대한 시스템 속에 매몰된 고독한 사람들을 그렸다는 점이다. 나의 부모님을 닮은 요즘을 사는 부모들, 예나 지금이나 가족을 지켜 주지 않는 사회, 왜 안 오냐 묻는데 대답하지 못하는 어른들을 그렸다.

하루를 부지런히 살아 내고도 미안한 마음을 갖는 지금을 사는 엄마와 아빠, 기다리는 아이들 그리고 사랑한다는 말로 부족한 나의 당신에게도.

타자를 안다고 생각하는 순간, 당신은 그들을 죽일 준비가 된

겁니다. (중략) 그러나 당신은 모를 수 있어요. 그들의 다름을 이해하지 못할 수도 있어요. 이때 '다름'은 당신이 가진 이해로는 침범할 수 없는 타자성을 말하는 겁니다.

-〈불온한 산책자〉(애스트라 테일러) 중에서

귀한 사람

할아버지의 장례를 치렀다. 발인하는 날 가족 모두 운구차를 타고 동네를 한 바퀴 돌았다. 동네 사람들이 떠나시는 할아버지의 모습을 보러 차도까지 나와서 눈물을 흘렸다. 운구차가 마지막으로 멈춘 곳은 동네 소방서였다. 소방관들이 운구차 앞으로 나와 경례를 했다.

할아버지는 쌀가게를 운영하셨고 동시에 명예 소방대원이셨다. 소년 시절 화재로 고아가 된 할아버지의 꿈은 불을 끄는 소방대원이었지만, 사고로 한쪽 눈을 잃고 꿈을 접으셨단다. 꿈은 접었지만 시민 소방대원으로 맹활약을 하셨기에 명예 소방대원이 되셨다. 내가 생각하기에 할아버지는 쌀가게 고 씨 아저씨보다 소방대원에 더 가까웠다.

소방대원을 볼 때마다 할아버지는 '귀한 사람들'이라고 하셨다. 그 말씀을 기억하고, 소방관 국가직 전환을 기원하며 그림책 〈코끼리 아저씨는 코가 손이래〉를 만들었다. 불보다 무서운 그들의 현실이 차츰 나아지길 바라는 마음을 담았다.

얼마 전 출판사에서 인터넷 서점에 출간 기념 이벤트를 하면서 '이 시대의 작가'라고 날 소개했다. 처음에는 부담스러워 웃기만 했는데 시간이 지나니 정말 이 시대의 작가가 되고 싶다. 사실 나는 '이 시대의 작가'란 상징성에 맞지 않는 사람이다. 겸손해서가 아니라 아직 아무것도 한 게 없기 때문이다. 시대를 대표하는 의미가 아니라 내가 사는 시대를 그리고 싶다. 현실 속 살아 있는 사람들을 그리고 싶다. 오늘도 퇴근하지 못한 노동자들이 있고, 그 안에 청소년 노동자도 있다. 전철역에서 죽고 공장에서 죽고 용광로에서 죽는다.

나는 투사가 아니라 그림책을 만드는 사람이다. 내가 사는 이곳에서 오늘도 반복되는 슬픔과 고통 그리고 작지만 소중한 풍경, 이 모두를 담고 싶은 마음이 있긴 있다. 이 시대의 작가가 되고 싶다. 저 시대도 아니고 딴 세상도 아니고 내 발이 붙어 있는 이곳을 그리고 싶다.

쉽게 희망을 말하거나 공허한 위안으로 거짓말을 하고 싶지 않다.

'이 시대의 작가'는 앞으로 그렇게 되길 바라는 편집자의 바람을 담은 표현이다. '말하는 대로 이뤄진다'라는 주술을 믿지 않지만. 우선 말하고 나중에 이루는 것도 나쁘지 않다.

아현동 재래시장 건너 열아홉 살 때 다니던 직업 학교 담장 옆을 지나게 되었다. '언약', '밤기차', '정거장' 이런 이름의 시커먼 술집들을 비집고 남들과 조금 다른 열아홉 살을 보냈다. 이제 그 길을 지나는 나는 가난과 후회와 실패에 대해 이야기하는 사람이 되었다. 차가운 시멘트 바닥을 부리로 쪼아 대는 비둘기처럼 헛수고만 하는 열아홉 살이었다고 생각했는데 지나고 보니 술집 이름들에 하나의 이야기가 있다. 밤 기차를 타고 정거장을 지나 누군가에게 도착하겠다는 언약이 남을지도 모른다고, 어린 정순이에게 말해 주고 싶다.

시소 타는 귀신

나는 꽃처럼 어여뻤던 소녀 시절 운동 신경이 남달랐다. 배운 적도 없는데 각종 종목에서 두각을 나타냈다. (건강했다.) 체력장도 늘 가볍게 만점을 받았다. 고등학교 입학시험 때 필요한 체력장 점수가 모자란 친구가 있었는데 내가 대신 만점 받아 줄 정도였다. (건강한데다 착했다.) 착하고 건강하긴 했지만, 관심 없는 친구를 위해 체력을 소비할 만큼은 아니었다. 좋아했기에 가능했던 행동이다. 하지만 그 친구는 땀 흘리며 자신을 위해 달리는 나보다 책 많이 읽는 다른 친구를 더 좋아했다. 관계는 노력만으로 이룰 수 없다는 걸 알았다. 그래도 그 친구를 위해 달리고 구르며 나름 바보처럼 즐거웠으리라. 상처부터 계산하는 지금의 나보다 몸도 마음도 건강했으니.

그림책 소재를 찾는 방법을 궁금해하는 사람들을 만날 때가 있다. 만약 사랑하는 사람에게 보여 주고, 들려주고 싶은 이야기가 있다면 그걸 소재로 삼는 것도 하나의 방법이라고 말한다. 상대가 있어야 가능한 의지 혹은 감정, 이런 마음도 그림책이 될 수 있다는 헛소리를 늘어놓는다. 사랑을 맹신할 만큼 나는 낭만적일지 모른다.

길벗어린이 송지현 편집자를 두 번째 만난 자리에서 '시소'라는 단어가 나왔다. 감정이나 이야기가 느껴지는 명사가 흔치 않은데 시소는 모두 느껴졌다.

독서실을 나와 어둑한 밤길 텅 빈 공원에서 중학생인 우리는 시소를 탔다. 탔다기보다 그냥 걸터앉아 심드렁하게 오르락내리락했다.

"엄마가 임신했어. 너무 창피해."

친구 말에 귀를 의심했다. 우리가 곧 고등학생이 된다는 점을 잊는다면 '엄마'와 '임신'이란 단어가 그렇게 이상하게 들리지 않았다. 지금 들었으면 그냥 그렇구나, 할 일인데 당시 우리는 이유 없이 고개를 숙였다. 동생이 생기는데 전혀 기쁘지 않다는 친구를 달래며 시소를 탔다. 시소를 타기에는 덩치가 컸던 우리는 그렇게 가끔 시소에 앉아 심드렁하게 세상을 조소하고, 앞날을 짐작했고, 어른 말고 다른 무엇이 되고 싶었다.

편집자의 말이 끝나기 무섭게 나는 시소에 올라탔다. 이야기를 치밀하게 구성하고 싶지 않았다. 단순하고 솔직하게 시소를 타는 아이고 싶었다. 시소가 혼자 움직이길 기다렸다. 치밀하게 구성하거나 변변한 스케치 한 장 보여 주지 않는 날 편집자는 묵묵히 기다려 주었다.

사라질 것만 같은 아이를 그린 그림책 〈나는 귀신〉도 시작은 비슷했다. 나는 다양한 분야의 예술인들이 모여 다양한 교육 사업을 하는 사회적 협동조합 자바르떼 조합원이다. 지역아동센터에 미술 강사로 파견 나갔을 때 만난 아이를 보고 산문집에 간략하게 쓴 글이 있었다. 이 글을 보고 한 편집자가 그림책을 제안했다. 바로 이 그림책을 함께 만든 이기선 편집자다. 조합 사람들과 공연과 교육 혹은 이벤트를 할 때마다 현장에서 〈나는 귀신〉에 나오는 주인공 같은 아이들을 만날 때가 있다. 그 아이들에게 귀신이 되어 주고 싶은 순간이 있었다. 현장에서 만난 아이들에게 난 그냥 준비 없는 강사였을 뿐이다. 그래도 한때는 내 능력을 한탄하며 '좋은 선생'을 꿈꾼 적도 있다. 주업과 부업 사이에서 마음 편하게 보따리장수로 남았다. 지역아동센터나 탈북 청소년 혹은 학교 폭력 가해 아동이나 피해자 아동을 만나면서 늘 마음이 무거웠다. '요즘 아이들'이라는 편견 섞인 단어를 생각 없이 내뱉는 어른이 바로 나였다.

게다가 나는 몸이 불편해 아이들과 놀아 주지도 못했다. '선생'이란 이름에 걸맞은 어른이 되고 싶단 생각은 없다. 받은 강사비에 합당한 보따리장수라도 되자고 생각했지만, 그조차 실패했다. 학교 폭력 가해 아동들이 다니는 대안 학교에서 아이들과 마지막 수업을 하던 날이 기억난다. 그날을 끝으로 다시 아이들과 공부하지 않는다. 내 한계를 인정했기 때문이다.

아이들과 마지막 수업을 하던 날, 전시를 위해 그림을 액자에 넣었더니 한 아이가 "선생님, 우리 그림 졸라 멋져요" 그런다. 애들아, 살다가 '졸라' 힘들 때가 오더라도 쉽게 자신을 놓아 버리지 말아라. 대단한 목표나 훌륭한 어른이 되는 것보다 중요한 건 자신의 시간을 충분히 즐기는 것이다. 그리고 남의 고통을 이해하려고 노력하는 것. 또 친구를 만날 것. 그것만 있어도 '졸라'까지는 아니더라도 조금 나은 삶을 살지 않을까 싶다. 최선을 다해 행복해지라고 말해 주고 싶었는데 그냥 도망치듯 교실을 나와 버렸다.

지방 행사가 있어 KTX를 탔다. 목적지에 도착해 열차에서 열을 맞춰 내리는데 내 뒤에 있던 일행 중 한 분이 나보다 먼저 내리기에 급한 용무가 있는가 보다 생각했다. 그런데 내 생각은 빗나갔다. 그분이 플랫폼에서 계단 위에 있는 내게 손을 뻗었다. 열차의 철조 계단이 높고 불안정해서 다리가 불편한 나를 걱정한 거다. 나도 모르게 그 손을 꼭 잡았다.

계단을 오르내릴 때 남들이 보는 게 싫어 늘 맨 뒤에 서서 사람들이 모두 지나간 후 오르내렸는데 이젠 달리 생각하기로 했다.

건강을 잃고 장애를 대하는 인식이 달라졌다. 계단을 오르내리거나 '당기시오'라고 쓰인 문을 열지 못하고 있을 때마다 내가 이제 달라진 일상을 사는 사람임을 인지한다. 몸은 비록 가능성으로부터 많이 멀어졌지만, 생각은 다른 방향으로 문이 하나 열린 느낌이다. 그렇다고 믿고 싶다. 하루에 하나, 무엇에 인색했는지 생각하는 것이 평등에 다가가는 첫걸음이라고 온몸으로 공부하는 중이다.

사람들 곁에 있어서 다행이다.

귀신을 만나고 시소를 타면서 내게도 있을지 모를 어린 독자를 생각했다. 강연장에서 내 책에 사인을 원하는 아이들을 보면 신기하고 미안하다. 철없는 어른으로 살면서 나와 비슷한 어른들에게 말을 거느라 내 그림책은 아이들에게 조금 불친절하다. 앞으로 부지런히 노력할 테니 나랑, 시소 탈래?

나라는 은유

지인이 누군가의 험담을 하며 상대를 이해하기 힘든, 무척 이상한 사람이라고 말했다. 나의 의견을 묻기에 오래전부터 알고 있었다고 했더니 어떻게 알았느냐 묻는다. 내가 그 사람처럼 이해받기 힘든 이상한 사람이니까 단번에 알겠더라고 했더니 침묵이 흐른다.

그림책 만들며 좋은 점 하나를 꼽으라면 이상해도 괜찮다는 거. 그림책 세상에는 백만 번이나 살아난 고양이도 있고 괴물들이 사는 나라도 있다. 수염 달린 여자도 있고 귀가 짝짝이인 토끼도 산다. 꽃을 좋아하는 소도 살고, 아빠 없는 꼬마와 엄마 잃은 소녀도 산다. 하지만 그림책 바깥세상에서는 까마귀 소년도, 지각 대장 존도 기다려 주는 누군가를 만나 이해받고 덜 외로운 사람으로 살기 어렵다.

19년 전 병원에서 지금 앓고 있는 내 병의 정식 명칭을 처음 들었다. 병에 대해 자세히 알아야 슬퍼하든 말든 할 것 같아 의사에게 물었다. 의사의 설명은 난해했다.

"인간에게는 몸이 아플 때마다 스스로 회복하려는 힘이 있어요. 바로 면역이죠. 면역은 신이 주신 선물인데, 환자분에게 면역은 선물이 아니라 독이 된 거랍니다. 그래서 아무 일도 일어나지 않은 몸을 면역 세포가 공격하는 거예요."

나는 신에게 독을 선물받은 사람이 되었다. 하지만 이해한다. 이만큼 상세하게 설명하는 의사조차 많지 않으니.

가공의 인물을 만들고 모래알처럼 많은 은유를 고르고 고르는 일이 창작자의 업이라면, 아무에게도 상처 주지 않으려는 노력도 그 안에 포함되어야만 한다. 완벽한 언어를 찾고 치장하는 일에 앞서 미리 짐작하고 판단하고 섣부르게 나누지 말아야 하는데 사실 나도 자신이 없다. 말끝을 흐리듯 이 문장의 끝을 흐리고 싶다.

내 형제들은 예쁘고 똑똑했지만 난 반대였다.

동네 어른들이 언니랑 동생만 칭찬하면 엄마가 자주 하는 말이 있었다. '저 애는 욕심 없이 착하다오.' 아무리 찾아도 보이지 않는 나의 장점은 그냥 욕심 없이 착하다는 거 하나다. 그럼 옆에 있던 다른 아줌마가 착하면 커서 바보 된다고, 간신히 찾은 내 장점에 재를 뿌렸다. 지금 엄마에게 이렇게 말하고 싶다.

엄마 기대만큼 착한 어른이 되지 못해서 미안해요. 진짜 바보는 아무나 되는 게 아니란 것만 간신히 알았어요.

이 글을 쓰고 있는 지금, 나는 나를 은유할 말을 찾는다.

내가 몇 백 개의 생으로 이뤄진 하나의 시간을 산다면 지금은 그냥 위험한 영역을 건너는 중이었으면 좋겠다고 생각하는 사람. 동시에 나머지 생은 고요하게 보낼 수 있었으면 하는 사람이다. 나는 미소 뒤 냉소가 두렵고 더 두려운 건, '나'를 경계하지 않는 나. 나밖에 보지 않으면서 나조차 눈 감아 버리는 가장 위험한 영역을 건너는 소망 없는 사람이다. 불행으로부터 안전하고, 너로부터 거꾸로 돌아가는 고장 난 시곗바늘쯤 되려나.

나는 행복에 가까운 불행, 불행에 가까운 행복을 경험한, 적당히 참혹했고 기대보다 운이 좋은 그런 사람이다.

산양 씨

쪽머리에 은비녀를 꽂고 헐렁한 몸뻬를 즐겨 입던 외할머니께서 내가 열여섯 살 때 돌아가셨다. 당신을 가장 많이 닮은 넷째 딸 영순 씨가 셋방살이를 벗어나는 걸 보고 눈을 감으셨다. 할머니는 많은 손주 중 영순 씨의 막내딸인 나를 유독 예뻐하셨다. 남존여비 사상을 숭배하시던 분이라 여자인 나에게 남동생과는 겸상도 하지 말라고 말씀하셨던 할머니가 손자가 아닌 손녀인 나를 예뻐하신 건 의외였다. 사실 곱게 예뻐하신 게 아니라 거친 사포 같은 애정이랄까, 욕도 많이 하시고 무슨 일만 있으면 날 찾으셨다. 한마디로 할머니에게 난 만만한 손녀였던 거다.

그런 할머니께 종종 삶의 팁을 얻었다. 대충 하시는 말씀 속에 인생의 중요한 의미가 숨어 있었기에 귀담아듣는 자에게만 주어지는 선물이다. 나는 할머니보다 현명하지 못해 늘 한발 늦는다. 평소 할머니께서 때를 아는 사람이 되라고 하셨는데 그게 말처럼 쉽지 않다. 요즘 다시 그 말씀을 떠올리며 지금 내가 무엇을 해야 하는지 생각한다. 그림 작업의 속도가 더딘 여름이면 맥이 잘 풀린다. 방법을 몰라 헤매기도 하고 가끔 부족한 나의 능력을 탓하기도 한다. 고민은 만석꾼 부럽지 않은데 도무지 앞이 보이지 않는다.

은비녀를 팔아 산 정부미 포대를 이고 우리 집 대문 앞에서 우렁차게 내 이름을 부르시던 할머니. 욕창이 생긴 할머니의 등을 닦아 드릴 때 성성한 기운이 어디로 빠져나갔을까 생각했다. 한 사람의 시간이 저무는 모습을 눈으로 보았다.

내게 지팡이가 하나 있다. 높이 조절이 가능한 검은색 반자동 지팡이다. 이걸 사 두고 한참 망설이다 처음 짚던 날, 사람들이 나만 보는 거 같았다. 〈가드를 올리고〉 더미를 만들던 무렵 지팡이 짚고 출판사 회의에 참석했는데 사람들이 시선 둘 곳을 몰라 당황하는 눈치였다. 이 지팡이가 내게 영감의 마중물이 되었는지, 지팡이 없이 걷지 못하는 산양 씨를 데려왔다.

〈어느 늙은 산양 이야기〉가 출간된 날 홀로 공원에 앉아 볕을 쬐며 책을 읽었다. 그때 늙은 개가 반려인을 따라 느릿하게 걷고 있는 모습이 보였다. 내게 찾아올 노년의 모습 같아 사라질 때까지 바라봤다.

〈어느 늙은 산양 이야기〉는 〈숨결이 바람 될 때〉라는 책을 읽고 구조를 만들었다. 산문집을 내고 북촌에서 전시회를 열던 전시장에서 하루 만에 읽은 책이다. 죽음이 내 등 뒤에서 버티고 있는 느낌이 들었다. 무섭거나 슬프지 않았다. 근처 편의점에서 모나미 볼펜과 수첩을 사 전시장을 지키며 더미를 만들었고 편집자에게 그 더미를 넘겼다.

한때는 젊고 멋졌던 산양 씨도 때를 아는 산양이다. 더미를 친구에게 보내며 '어리석은 산양 이야기'라고 했다. 하지만 나는 책에 '현명한 나'라는 문장을 썼다. 죽음을 그리면서 삶을 생각했다. 내가 〈어느 늙은 산양 이야기〉를 세상에 내놓은 뒤 들은 말은 '역시 고정순'이었다. 이건 칭찬이 아니다. 어둠을 그리는 작가답게 언제쯤엔간 나올 이야기였다는 뜻이다. 그림책계의 저승사자라는 별명에 걸맞게 말이다.

소년 데헷이 어린 날 닮았다면, 산양 씨는 내가 닮고 싶은 존재다. '왜 산양이 주인공인가?'라는 질문을 종종 받는다.

머리에 뿔이 난 짐승을 좋아한다. 봐도 봐도 신기해서 동물도감을 샀을 정도다. 수없이 그리면서도 어쩐지 더 그리고 싶은 그런 짐승이다. 몸 밖으로 뼈가 자라는 것일까, 나무의 일부가 짐승이 된 것일까, 궁금했다. 존재 자체가 이야기로 남는다.

나그네의 외투를 벗기는 내기에서 이긴 건 바람이 아니라 햇볕이라는 옛이야기가 있다. 옛이야기는 나이가 들수록 서사의 의미가 뚜렷하게 느껴진다. 내 우중충한 시련의 외투를 벗기는 건, 비장한 각오나 결심이 아니라 한 줌 웃음이다. 산양 씨의 우스꽝스러운 몸짓에서 내가 그릴 수 있는 웃음의 종류를 생각한다. 재밌게 말하는 죽음, 신나게 떠드는 죽음, 내가 그릴 수 있는 죽음. 그렇게 산양 씨의 마지막 여행을 이야기하고 싶었다.

할머니께서 이야기 좋아하면 가난뱅이로 산다고 경고하셨는데, 하나만 아시고 둘은 모르신 거다. 고통을 견딜 아이템을 모을 수 있다는 걸 아셨다면 좋았을 텐데. 내 남은 이야기에서 웃음은 적지 않은 지분을 차지할 것이다. 지난 시간 웃을 수 없는 순간에도 웃음에 의지했던 것처럼.

심각한 질병은 여행자를 인간 경험의 가장자리로 데려간다. 한 발짝만 더 내디뎌도 아픈 사람은 돌아오지 못할 수 있다. 나는 이 여행이 인정받길 원한다.

-〈아픈 몸을 살다〉(아서 프랭크) 중에서

3부

꿈의 조력자들

3월의 외투

나는 버스 종점이 있는 마을에 산다. 20년 가까이 살던 번화가를 떠나 산 밑 아파트에서 봄을 맞았다. 낯선 곳에 적응하기 위해 마을 곳곳을 구경하던 어느 날, 버스 종점에 있는 편의점을 지날 때 일이다.

편의점 모퉁이에 앉아 담배를 피우고 있는 중년 남자가 눈에 들어왔다. 언제부턴가 같은 시간대 그곳에 앉아 한 손에 담뱃갑을 움켜쥐고 일회용 종이컵에 재를 떨며 열심히 담배를 피우고 있었다. 별스러울 게 없는 보통 흡연자의 모습이지만 내 눈에 그는 좀 남달라 보였다. 말 그대로 정말 열심히, 꾸준히 담배를 피우는 모습을 며칠 사이로 봤던 것 같다.

그의 눈에는 할 일 없이 같은 시간에 같은 곳을 돌고 있는 내가 이상해 보일지 모른다. 담배 한 개비가 꽁초로 사라지면 그는 틈 없이 새 담배 한 개비를 다시 입에 문다. 연신 피어오르는 담배 연기가 매울 법도 한데 눈 한번 찡그리지 않고 담배를 피운다.

볕이 좋은 날이면 담배를 피우며 희미하게 웃는 것 같기도 하고 비라도 오는 날이면 빗물에 담배가 젖을까 걱정하는 것 같기도 하다. 담배를 피울 때 그는 행복해 보이기도 하고 처량해 보이기도 한다. 그가 부러웠다. 몰두할 일이 있고 그 일을 하는 동안 기쁨과 슬픔을 고루 느끼는 사람처럼 보였기 때문이다. 합병증이 찾아왔고 하루도 빠지지 않고 느껴지는 통증을 견디다 보니 이까지 부서져 버렸다. 부쩍 나빠진 시력도 걱정이었다. 공기 좋은 곳에 살며 호전되길 기대했지만, 환경의 변화는 오히려 나를 힘들게 만들었다.

편의점 처마 밑에서 담배를 피우고 있는 남자 곁에 나란히 앉아 있고 싶었다. 그는 열심히 담배를 피우고 나는 누군가를 열심히 원망하며 시간을 보내고 싶었다. 무기력이 나의 마음에 돌덩이처럼 내려앉았고 뚝 하고 시간이 멈췄다. 나는 삶을 부정하는 일에 몰두했고 공포로부터 도망치고 싶었다. 삶이 나를 납작하게 눌러 터트리기 전에 내가 먼저 선수 치고 싶었다. 계절이 봄에서 여름으로 모습을 바꾸는데 나는 두꺼운 겨울 외투를 벗지 못하고 있었다. 빈혈 때문에 입은 외투가 무기력한 나의 상태를 그대로 드러내고 있는 것 같았다. 보건소 안에 있는 상담 센터 의자에 앉아 100개의 질문지에 답을 하고 있었다. 체크가 끝나자 나를 담당하게 된 상담자가 미소를 보이며 말했다. 자살 충동을 억제하는 데 어려움을 느끼는 단계로 보인다며 지속적인 상담을 하자고 제안했다. 나는 성실한 태도로 상담에 임했다. 간혹 눈물을 보이거나 때때로 이해하기 힘든 말을 장황하게 늘어놓긴 했지만, 지각 한번 하지 않는 성실한 환자였다.

예정된 상담 종료일을 2주 남긴 날 아침 상담을 하기 위해 건물 복도를 지나는데 창가에 노인 두 분이 앉아 있었다. 두꺼운 돋보기를 낀 노인이 앙상하게 마른 노인에게 종이에 적힌 내용을 큰 소리로 읽어 주고 있었다. 그 목소리가 하도 낭랑해서 나도 모르게 멈춰 서서 그들을 보게 되었다. 나는 담당 상담사에게 복도에서 본 두 노인에 관해 물었다.

"두 분이 친한 친구 사이래요. 한 분이 노인 우울증이 있으세요. 친구가 걱정돼서 저렇게 매주 함께 상담을 오세요. 지금 읽고 계신 것은 보건소에서 제작한 우울증에 대처하는 생활 방식 설명서인데 그걸 읽어 주고 계신 거예요. 우울증을 앓고 계시는 할아버지께서 글을 못 읽으시거든요."

상담소 창밖으로 까치가 감나무에 앉아 울고 있었다. 방음이 잘되는 건물이라 소리는 들리지 않았지만, 부리를 활짝 벌리고 있는 것을 보니 꼭 울고 있는 것처럼 보였다. 아니 노래하고 있는 것처럼 보였다. 왜 나는 새가 소리를 내면 모두 울음이라고 생각했을까. 문득 궁금했다.

담당 상담사에게 지금까지 나의 상태에 어떤 변화가 있는지 물었다. 처음보다 빠르게 호전을 보인다는 답을 들었고 그 말을 들으니 기분이 좋았다. 내게 감정을 강박적으로 통제하려는 성향이 있는데 이것이 자칫 자신에게 독재자가 될 수 있다는 조언을 들었다. 건강이 나빠지면서 모든 상황이 자신의 통제권을 벗어났다고 여기는 순간 극단적인 선택을 하게 되는 것 같다고. 상담사는 나 자신에게 조금만 유연해지길 바란다는 말을 덧붙였다.

상담을 마치고 복도를 지나며 창가 쪽을 보았다. 두 노인은 떠나고 없는데 낭랑한 소리는 멈추지 않고 계속 들리는 듯했다. 세상에 나를 부르는 목소리가 있다는 것, 살아가기에 충분한 이유는 되지 못하더라도 스스로 정한 생의 끝이 정말 끝인지 물어볼 수 있지 않을까, 내가 나에게 묻는다.

나는 그날 상담을 종료했다. 주치의 판단에 따른 결정이다. 대신 일주일에 한 번 담당자의 전화를 받을 것과 6개월 후 재방

문을 약속했다.

나는 두꺼운 겨울 외투를 여미고 20년 지기 친구네 집으로 향했다. 친구가 차려 준 점심밥을 먹으며 상담이 끝났음을 알렸다. 친구는 내가 좋아하는 달걀말이를 내 밥 위에 얹어 주며 아무 말 없이 나를 보고 있었다. 조금 열린 창으로 새의 노래가 들렸다.

처음 그림책을 공부할 때 친구가 48색 색연필을 사 줬다. 그리고 다시 10년 뒤 72색 색연필을 사 줬다. 다른 작가들에 비해 색연필을 많이 사용하지 않는 편인데 요사이 키가 많이 줄었다. 배고플 땐 밥, 술 고플 땐 술, 추울 땐 옷, 더울 땐 손수건까지 친구의 손길이 미치지 않는 곳이 없다. 돈 없을 땐 현찰도 주머니에 찔러 줬다. 여유가 차고 넘치는 사람들도 하기 힘든 따뜻한 보살핌을 받았는데 나는 친구에게 변변히 해 준 게 없다. 내가 엄청 잘나서 지금까지 무탈하게 살았다고 생각했는데 아니었다.

친구들과 깔깔거리며 길을 걸었다. 일본식 주점에 앉아 미인들만 먹는다는 참(말로 맛있는 아침)이슬을 마셨다. 물먹은 솜 같은 날 위로한다고 친구들이 마련해 준 자리다. 고마웠다. 두서없이 반복되는 하소연을 친구들은 싫은 내색 한번 없이 들어줬다. 친구들이 고마워 다음에는 나를 아무 때나 이용하는 찬스 카드를 쓰라고 했더니, 친구 왈 "그건 다음 생에 쓸게." 다음 생에도 날 만날 거냐 되물으니 아차 싶은 모양이다.

예전에 어떤 서면 인터뷰에서 "작가는 무엇으로 사느냐?"라는 질문에 그땐 "밥"이라고 답했는데 지금은 제대로 답할 수 있겠다. 작가의 생을 이루는 4원소가 있으니 밥, 술, 부업 그리고 영혼의 협잡꾼. 이게 가까운 마트나 시장에서 파는 물건이 아니라서 다 갖추기 어렵다는 큰 단점이 있다.

목요일의 여인들

마포구에서 은평구로 이사 온 뒤 마을 주민들과 글과 그림을 공부하는 모임을 기획했다. 낯선 곳에서 정붙이며 살고 싶은 마음과 아파트 관리비를 벌기 위해서였다. 일정 수입이 생기면 출간을 앞둔 책을 작업할 여유가 생길 것이라 기대했다. 여러 이유 중 사람들을 만나라는 상담사의 권고도 적지 않은 비중을 차지했다.

첫 강의가 시작되는 5월이 왔다.

시곗바늘이 오전 10시 30분을 가리키자 마을 예술창작소의 유리문이 열리기 시작했고 낯선 사람들이 내게 첫인사를 건넸다. 수강생은 전부 주부들이었고 엄마와 아내라는 역할에서 조금이나마 자유로울 수 있도록 돕는 것이 교육 목표였다. 나는 마을 주민들과 함께 글과 그림을 공부하고 싶었기에, 수강생을 여성으로 한정하는 것에 이의를 제기했었다.

경험이 부족했던 나는 일단 센터 측의 제안을 받아들이기로 했다. 강의를 홍보하는 문안에 강사인 내 이름이 들어 있지 않앉기 때문에 예상보다 많은 인원이 모인 것 같다고 말했다. 수강생들의 긴장을 풀어 주기 위해 건넨 첫 농담이기도 했고 내가 경험 없는 강사이자 유명하지 않은 작가라는 고백이기도 했다.

처음에는 성인을 대상으로 글과 그림을 동시에 진행해야 하는 점에서 부담감을 느끼고 있었다. 내가 누구에게 무엇을 가르치는 사람으로 자격이 충분한지는 언제나 답 없는 질문이다.

낯선 곳에서 낯선 사람들과 새로운 일을 시작하는 나는 모든 것에 미숙했다. 스스로 세운 교육 계획안이 있었지만 그건 어디까지나 활자에 불과했다. 아이들과 함께 떠들며 그림 공부를 할 때와 많은 것이 달랐다. 경험 부족에서 오는 미숙함도 있지만 내가 가진 편견 때문에 생긴 오해가 더 컸다.

결혼하고 아이가 있고 시댁과 친정이 나뉘고 어린이집이나 학교 등하교 시간에 맞춰 자신의 일상을 계획하는 여자들. 내가 안다고 생각했으나 제대로 알지 못한 사람들이었다.

나는 그들에게 자신을 표현하는 단어를 나열하고 종이 위에 작은 점을 그려 보자고 했다. 아무렇게나 그려진 점을 이어 낙서를 해 보자고 했다.

우연히 떨어진 작은 점처럼 우리는 만났다.

그들에게 보내는 나의 첫 문장이다.
열다섯 명의 수강생들 눈에는 보이지 않았겠지만 나는 여러 문제 앞에서 몹시 혼란스러웠다. 수업 초반부부터 재미없이 늘어지는 느낌이 들었다. 수강생들은 글도 그림도 편하게 쓰고 그리지 못했다. 미리 적어 두는 바이지만, 여기 쓰인 글들은 온통 지난날을 돌아보며 나의 편견과 실수를 고백하는 반성문에 가깝다. 나는 시작부터 이해와 오해의 낙차를 느꼈다.
어른이라면 쓰고 그리는 일을 아이들보다 쉽게 받아들이리라 판단했다. 그림과 글을 표현하는 데 일정 수준을 기대했다는 말이 아니다. 나는 좋은 문장이나 수려한 기법으로 그린 그림을 기대하지 않았다. 그건 내가 할 수 없는 일이기도 했고 나 아닌 다른 사람들이 이미 많이 하는 일이라고 생각했기 때문이다.
열다섯 명의 사람들에게 내가 알려 주고 싶었던 것은 스스로 감정을 표현하고 자신의 이야기에 귀를 기울이는 것이다. 그런데 나의 모호한 바람이 문제였다. 창작의 기법이나 기술을 알려 주는 수업도 아니고 미술을 통해 심리를 치료하는 시간도 아니었다. 가뜩이나 감정 표현에 서툰 사람들을 더욱 혼란스럽게 했다.

점에서 출발한 이들은 무언가를 표현하는 일에 어떤 방식이나 일정한 수준이 존재할 것이라고 믿었다. 그리고 무엇보다 당혹스러웠던 것은 자신이 아닌 가족에게서 소재를 찾는 그들의 방식이다. 행복이나 기쁨, 사랑이나 따스함 외에는 관심이 없는 것이 아닐까 하는 착각이 들 정도였다. 일상의 풍경이나 어떤 찰나의 느낌에 대해서 말할 때도 이들의 주어는 온통 가족이었다. 나는 소재를 풍부하게 하기 위해선 다양한 일상의 풍경을 바라봐야 한다고 주장했다.

나의 일방적인 주장이 얼마나 공허한 소리였는지 깨닫는 데 긴 시간이 필요하지 않았다는 사실이 그나마 작은 위안이 된다. 대부분 시간을 육아로 보내는 사람들에게 가족 이외의 소재를 찾아야 한다고 말하는 나. 창작은 낯선 무엇을 꾸며 내는 것이 아니라 아는 것을 낯설게 바라보는 일에서 시작한다고 믿었던 내가 이들에게 억지를 부리고 있었다.

여기저기서 나를 부르는 소리가 들렸다. 나는 앉은뱅이책상에 옹기종기 모여 앉아 그림을 그리고 있는 열다섯 명 사이를 비집고 끼어들었다. 내가 틀렸다면 방법은 하나다. 그들을 바라보는 것, 그들이 남긴 흔적에서 무엇을 좋아하는지 싫어하는지 단서를 찾아가는 것 말고는 다른 방법이 없었다. 수강생들 사이를 분주하게 오가는데 눈에 들어오는 한 문장이 있었다. 간식으로 나온 요구르트병을 그린 그림 옆에 쓰인 문장이다.

'오랜만에 집중하니까 좋다.'

서서히 그들만의 문장이 생겼다.

'맘마, 사춘기 때 너를 안고 달렸지!'

이 문장 옆에 자신의 가슴을 그린 어느 여인의 스케치북을 한참 바라봤다. 유년의 기억을 소재로 글을 쓰는 시간이었다. 사춘기 시절부터 남들보다 유독 크다고 생각되는 자신의 가슴에 대한 그녀의 고찰이 담겨 있었다.
이후 강의 일정이 끝나고 난 뒤 듣게 된 그녀의 가슴 이야기는 내게 많은 물음을 남겼다. 자신의 가슴을 감싸기에는 너무나 작고 볼품없던 엄마가 사 준 브래지어. 그 브래지어 때문에 멋대로 불룩하게 튀어나온 가슴을 놀리던 친구들. 그녀는 틈틈이 용돈을 모아 간신히 치수가 맞는 흰색 브래지어를 샀단다. 그런데 그 노력은 친구의 분홍 브래지어 앞에서 허망하게 무너지고 말았다. 작고 예쁜 가슴에 분홍색 브래지어를 입은 친구를 보며 '세상에는 저렇게 예쁜 속옷도 다 있구나' 했다고. 나는 그녀에게 좀 더 다양한 방식으로 소재에 접근하길 권했다. 그리고 그녀가 겪은 성적 수치심에 대해 기록하라고 했다. 그녀 또한 내 의견에 공감하며 좀 더 긴 글을 쓰기 시작했다. 실타래를 엮어 가는 것은 온전히 그녀의 몫이 될 것이고 나는 길잡이로 자격이 충분치 않았다.

어느새 나는 두 번째 문제를 만난 것이다. 조금씩 자신을 표현하기 시작한 열다섯 명의 사람들을 위해 나는 무엇을 어떻게 준비해야 할까?

얼굴 그리기

얼굴을 그릴 때 사람마다 먼저 그리는 부위가 각각 다르다. 얼굴 윤곽을 먼저 그리는 사람도 있고 눈을 먼저 그리는 사람 혹은 머리카락을 먼저 그리는 사람도 있다. 자신 있는 부위를 먼저 그리는 사람도 있고 손 가는 대로 그리는 사람도 있다. 순서와 규칙은 없다. 미술 기법을 알려 주는 책에서는 얼굴 윤곽을 먼저 그리는 것이 눈, 코, 입의 위치를 정하기 편하다고 나와 있지만 나는 생각이 좀 다르다. 중요한 것은 그림의 모델이 된 대상이 주는 얼굴의 느낌이다. 인물을 기술적으로 묘사하는 데 치중하다 보면 인물 고유의 느낌을 놓칠 수 있기 때문이다. 옛 화가들은 친밀한 관계나 강한 인상을 주는 모델이 아니라면 초상화 그리기를 꺼린 화가들도 있었다고 한다. 하지만 초상화를 화가에게 의뢰하는 대부분의 사람들은 일정 금액을 지급하는 낯선 고객이다. 누군가의 얼굴을 그리는 일은 어쩌면 상대를 향한 나의 감정을 그리는 일인지도 모른다.

사람의 얼굴을 그려 보자는 나의 말이 당혹스러웠을 텐데 몇 몇 사람들은 아무 말 없이 눈을 감았다. 그날그날 주어진 수업 주제 앞에서 조용히 눈을 감는 일은 이제 그들만의 의식이 되었다.

보고 싶은 사람을 떠올리는 사람도 있고, 원망의 대상을 떠올리는 사람도 있었다. 사람의 얼굴을 그리는 일은 누군가에게는 그리움일 수도 있고, 다른 누군가에게는 주고 싶은 선물일 수도 있다. 화려한 꽃을 인물의 배경에 그려 놓은 사람도 있었고, 작은 눈이 콤플렉스인 사람의 눈을 부러 크게 그려 주는 사람도 있었다. 엄마의 팔순 생신 선물로 주고 싶다며 화려한 눈매와 고불고불한 갈색 머리를 한 여인의 얼굴을 그린 그림을 가리키며 말했다.

"어머님이 올해 팔순이신데 무척 젊어 보이시네요."

"아니요. 실제로 이렇게 생기지 않으셨는데 우리 엄마가 화려한 것을 엄청 좋아하시거든요. 몸은 늙었는데 마음이 늙지 못해서 그런가 봐요."

마음도 몸 따라 늙었더라면 좋았을 텐데, 그럼 곱게 늙었다는 소리라도 듣지 않겠느냐며 50대 딸은 쓸쓸하게 웃었다.

그림 그리는 일이 참 쉽다고 말하던 '밥 로스' 아저씨의 얼굴을 그린 수강생 앞에서 나는 큰 소리로 웃었지만 속으로 내가 그림 그리는 방법을 너무 어렵게 알려 준 것은 아닐까 잠시 고민했다. 저마다 각각 다른 인물, 다른 사연을 그렸다. 그런데 아무것도 그리지 않은 빈 스케치북 하나가 책상 위에 덩그렇게 놓여 있었다.

나는 스케치북 주인에게 그림을 그리지 않은 이유를 물었다. 한참 대답을 망설이던 그녀가 어렵게 입을 열었다.

나는 지금 아무도 보고 싶지 않아요.
내가 너무 불행해서 나 말고 생각나는 사람이 없어요.

굵고 투명한 눈물이 빈 스케치북 위로 빗물처럼 떨어졌다.
나는 잠시 말을 잊었다. 여기저기서 훌쩍이는 소리가 들렸다. 서로 알고 지낸 시간이 그리 길지 않은데 이들끼리 뭔가 통하는 게 있는 것일까?
나는 누구나 자신만 바라보고 싶을 때가 있다는 형식적인 말만 남기고 다음 시간 준비물을 알려 주며 짧게 인사를 남기고 수업을 마쳤다. 아직 두 번째 문제의 답을 찾지 못하고 있었다.

일상

일상의 풍경을 휴대폰 카메라로 찍어 메일로 보내 달라고 당부했다. 수업 전날 메일이 속속 도착했다. 가족들의 모습을 찍은 사진이 상당수를 차지하겠거니 예상했는데 아니었다. 길에서 강냉이를 파는 노인부터 남의 집 담에 핀 꽃 때문에 코를 내밀고 짖는 강아지 그리고 들에 핀 꽃 사진은 그들도 나처럼 서서히 변하고 있음을 알려 주었다.

자신이 찍은 사진을 그림으로 옮기는 작업을 하며 예전보다 좋아진 그림 실력에 또 한 번 감탄했다. 강의 초반에 나눠 준 스케치북도 그림으로 제법 두둑하게 채워져 가고 있었고 색연필도 부쩍 키가 작아졌다. 그림은 연습한 만큼 정직하게 실력이 늘어간다는 것을 경험상 알고 있었지만, 직업으로 그림을 그리는 나보다 연습 시간이 턱없이 부족했을 텐데 다들 자신의 방식대로 정진하고 있었다.

베란다를 바라보며 아이를 안고 있는 자신의 모습을 연필로 그린 그림 옆에 작은 메모를 남겼다. 평소 느꼈던 찰나의 느낌을 글과 그림으로 남긴 그림일기였다.

이 동네에 이사 온 지 일주일쯤 되었나?
내가 딸 민이에게 젖을 먹이고 있었는데
커다란 창문 밖으로 비가 오고 있었지.
난 빗소리를 좋아해. 비 묻은 흙냄새도 좋아하지.
그런데 갑자기 눈물이 났어.
하염없이 눈물이 나는 거야.
이 커다란 아파트 단지 창밖으로 보이는 수많은 집.
그중 한 집에서 내가 아이에게 젖을 먹이고 있었던 거야.
그냥 나 혼자였어.
이 느낌을 아무도 이해할 수 없을 것 같아.

가는 연필 선으로 편하게 그린 작은 그림과 메모를 보며 비 오는 날 아이에게 젖을 물리는 사람의 마음을 헤아려 보고 싶었지만 내겐 무리였다. 대신 딸 셋을 키우며 그림을 그리고 싶었다는 그녀의 소망과 지망생 시절 나의 바람이 그다지 다르지 않다고 추측할 뿐이다. 완벽한 이해는 어차피 깊은 오해일지도 모른다고 했다. 영 틀린 말은 아니기에 책에 글로 쓰였겠지만, 상대를 이해하려는 노력이 오해에 가깝다면 왠지 모르게 서운하다. 나는 아이를 낳아 본 적도 아이에게 젖을 물려 본 적도 없지만 아무도 이해하지 못할 것 같은 감정 속을 홀로 부유하는 마음을 조금은 알 것도 같다.

수업이 끝나 갈 무렵 일상의 풍경을 사진으로 남기고 생각이나 느낌을 메모하길 권했다. 스스로 자신의 얼굴을 찍는 일이나 음식 사진을 찍는 일도 일상을 포착한 사진이라고 할 수 있지만, 마음에 드는 풍경이나 찰나의 감정이 느껴지는 사진을 찍고 또 그것을 그림으로 그리는 일은 감각을 민감하게 만드는 데 도움을 준다. 그리고 우리가 기억하지 못하는 순간이 사진에 남을 때도 있다.

얼마 전 일이다. 닭백숙을 먹으러 간 식당 텔레비전에서 주말 드라마가 재방송되고 있었다. 텔레비전 연속극 속 '엄마'는 영정 사진을 남기기 위해 아무것도 모르고 나들이 나온 자식들에게 휴대폰으로 자신을 예쁘게 찍어 달라고 부탁하고 있었다. 연속극 속 '엄마'는 임종을 앞둔 암 환자였다. 텔레비전에서 시선을 거두고 닭다리의 뼈를 바르는데 주방에 있던 아주머니께서, "텔레비전이 틀린 말은 안 한다니까. 우리 엄마 돌아가시고 사진 없어서 애먹었거든." 곁에 있는 다른 아주머니에게 돌아가신 엄마의 영정 사진에 대해 말하고 있었다.

엄마의 옷장 속을 아무리 찾아보아도 쪼가리 사진 한 장 찾지 못한 아주머니는 엄마의 주민등록증 사진을 확대해서 영정 사진으로 썼다고 했다.

"이불 아래에 딱 한 장 있긴 있었어. 엄마랑 나랑 찍은 사진인데, 그건 못 쓴다고 그러더라고. 사진 많이 찍어 둬. 하하하."

아주머니 웃음과 수돗물 소리가 겹쳐졌다. 삶은 찰나로 이어진 연속극이며 그것만이 삶의 유일한 질서가 아닐까.

은빛 무리

기금 사업으로 시작한 그림 에세이 수업이 마지막을 향해 가고 있다. 남은 것은 그동안 그림과 글을 모아 소책자로 엮는 일과 마을 도서관에서 열리는 전시회를 준비하는 일이다. 전시를 위해 그림을 그리며 어려운 점이 있으면 언제든 전화나 메일 달라고 당부했다.

수업 시간 외에 쓴 글과 그림을 보내 주는 사람도 있었고 전시회 준비를 위해 전화를 걸어 이것저것 물어 오는 사람도 있었다. 수강생들이 보내 준 글을 읽으며 밤을 새운 날도 있었고, 그림의 외곽선을 자연스럽게 표현하려면 어떤 기법이 필요한지 묻는 사람을 위해 손목이 시큰할 때까지 휴대 전화를 붙들고 있는 날도 있었다. 수강생을 위해 강사로서 얼마나 큰 노력을 기울였는지 자랑하고 싶은 마음도 있지만 내가 진짜 말하고 싶은 건 나를 자극하는 그들의 열의였다.

선 하나 긋고 먼 산 한 번 바라보던 사람들이 이제 불꽃놀이를 구경하는 아이들의 뒷모습을 화폭에 담았고 같은 그림을 여러 번 반복해 그리면서도 지겨워하지 않았다. 내게 배롱나무가 어떻게 생겼는지 그림으로 알려 주는 사람도 있었고, 물감을 곱게 겹쳐 은하수를 화폭에 수놓은 사람도 있었다.

처음 짧은 문장과 그림일기 수준의 그림을 기대했던 나는 10월의 햇살이 가득 들어찬 마을 도서관에서 아름다운 그림과 정성을 다한 문장을 만나게 된 것이다.

전시회 준비로 바쁘게 움직이는 그들을 보며 옛 친구가 한 말이 떠올랐다.

지금처럼 최신식 휴대 전화가 없던 시절, K와 나의 유일한 연락망은 삐삐뿐이었다. 최신식 휴대 전화가 있어도 우리 사이는 번거롭게 공중전화를 찾아다니던 그 시절보다 멀다.

K는 대학에 가면 반드시 바다를 보러 가겠다고 말했었. 그녀가 말한 바다는 외향이 아니라 특수 장비를 갖춰야만 볼 수 있는, 바다의 내부를 말하는 것이다.

음성 메시지에는 K가 특수 장비와 자격증을 갖추고 본 첫 바다에 대한 소감이 담겨 있었다.

어릴 적, 명문 대학교 음대를 가기 위해 극심한 스트레스에 시달리던 K에게 바다는 어떤 의미였을까?

그날 K가 남긴 음성 메시지를 기억나는 대로 적어 본다.

정순아.

바다는 정말 아름다웠어.

난 돌고래나 산호초, 상어나 뭐 그런 희귀한 것들을

잔뜩 보고 싶었거든.

그런데 오늘 본 바다에서 뭐가 제일 멋있었게?

바로 멸치였어.

은빛 무리를 지으며 내 눈앞을 스쳐 가는데 정말 아름답더라.

작은 것들이 함께 모여 있어서 그런가,

눈물 나게 아름답더라.

짝사랑

머리 위로 벚꽃이 내리는 봄밤이었습니다.

저는 그날 좋아하는 사람과 나란히 앉아 눈처럼 내리는 벚꽃을 보고 있었습니다. 맛있는 저녁 식사도 하고 근사한 술집에서 맥주잔을 기울이기도 했습니다. 유쾌한 농담을 하다가 몇 해 전 돌아가신 그 사람의 아버지 이야기에 눈가가 뜨거워지기도 했습니다.

혼자 마음으로만 좋아하던 사람을 만났는데 어색하거나 불편하다는 느낌보다 오랜 시간 익숙하게 알고 지낸 친구처럼 편하고 행복했습니다. 시간이 가는 것이 아까워 휴대폰도 꺼내지 않고 오로지 상대의 눈만을 바라보며 '이대로 시간이 멈춘다면 광화문 한복판에서 학춤이라도 출 텐데' 하고 아쉬워했습니다.

3년을 혼자 좋아하고 단둘이 만난 그날 하루를 뒤로하고 저는 그 사람과 영영 헤어졌습니다. 짧은 봄밤이 아쉬워 그 뒤로 참 많이 아팠습니다.

제가 지금도 가장 크게 후회하는 것이 있다면, 하루라도 빨리 내 마음에 솔직했다면 좋아하는 사람과 좋은 관계로 이어지지는 못했더라도 그날 그 봄밤처럼 행복한 날이 하루라도 더 있지 않았을까 하는 아쉬움입니다. 내가 감춘 마음이 병들어 가는 줄도 모르고 관계가 주는 상처에만 집중했던 어리석은 나. 놓칠 것이 두려워 잡지 못했던 제 손이 부끄러워 가끔 빈손을 마주 잡아 봅니다. 이 글을 여러분께 전하고 싶은 제 감정을 혹시 눈치채셨는지요?

흔히 결과 때문에 시작도 못 하는 일이 허다합니다. 하다가 실패한 사람보다 시작도 하지 않은 사람은 안전하고 행복할까요? 아마도 꿈 때문에 불행한 쪽보다 아무것도 기대하지 않는 쪽이 살기에는 더 속 편할지도 모릅니다. 꿈은 꼭 이뤄진다는 말을 전부 긍정하기에는 현실은 단단한 얼음장처럼 느껴집니다.

하지만 내 전부를 걸어야 할 만큼 위험천만한 일이 아니라면 한 번쯤은 하고 싶은 것을 해 보는 것도 삶을 긍정하는 방법이 아닐까 생각합니다. 이 글을 남기며 지난 시간 좁고 울퉁불퉁한 길을 함께 걸어 주셔서 감사하다는 말을 대신할까 합니다. 부디 건강하고 행복하세요.

2016년 10월 고정순 드림

이 편지를 강좌가 끝난 마지막 날 새벽에 썼다. 수강생들이 전시 작품을 준비하고 책자를 만드는 동안 나도 그들에게 뭔가 마지막 인사를 남기고 싶었다.

모두에게 보내는 마지막 편지를 쓰자니 후회가 몰려왔다. 글공부를 함께한 수강생들에게 줄 수 있는 것이 있었다면 좋았을 텐데……. 처음부터 나는 가진 것이 없어, 줄 것도 없었다. 고작 마지막 편지를 쓰며 아쉬움을 달래고 있다니 한심하다는 생각이 들었다. 부끄러운 짝사랑의 기억이, 하고 싶은 일이 있다면 시작해 보라고 권하는 일과 과연 어떤 연관성이 있는지 정확하게 모르겠지만 그냥 솔직한 마음을 보여 주고 싶었.

그림 에세이 강좌가 끝나고 센터 측에서 새로운 제안이 들어왔다. 그림 에세이 심화반을 만들자는 제안이었다. 나는 망설였다. 나의 부족함 때문이라는 겸손은 좀 지겨운 감이 있으니 제외하더라도 적잖은 이유가 남는다. 출간을 앞둔 그림책 작업과 새롭게 시작해 보고 싶은 일이 있었기 때문이다. 부지런히 움직이면 가능하겠지만 나를 망설이게 했던 것은 작업과 직업의 경계였다.

강의를 계속하면 일정 기간 고정 수입이 생겨 좋다. 하지만 집중력의 밀도가 낮아진다. 강의를 업으로 하는 사람이 아니길 바라는 마음과 고정 수입이 주는 달콤함 사이에서 고민이 시작됐다. 사람들과 함께한 시간이 주는 즐거움과 메우기 힘든 나의 한계가 자꾸만 교차했다. 그들이 원한다면 서로에게 학우가 되어 좀 더 그림과 글을 배우면 좋겠다는 제안을 센터 측에 전달했다. 얼결에 우리의 이별은 유보되었고 나의 편지는 마지막 인사가 아닌 새로운 인사가 되었다.

점에서 출발한 사람들이 선과 면을 지나 어디로 가야 하나 고민하며 그림 에세이 심화반을 시작했다. 무엇을 심화할지 모르면서 그냥 헤어지기 싫어 만난 사람들이다. 뒤돌아보면 모든 시작의 원인은 하찮다. 우리가 별 이유 없이 이곳 지구에 온 것처럼 말이다.

언니들의 졸업 여행

"누가 학교랑 회사 중에서 하나만 선택한다고 말하면 난 회사 다녀야 해."

산업체 특별 전형으로 들어온 야간 대학 같은 과 동기 언니가 있었다. 언니는 키도 크고 머리도 길었다. 어떤 이유에서인지 모르겠지만 나를 살뜰하게 챙겨 주었다. 야간이라고 진짜 야간에 학교 다닐까 싶었는데 정직하게 야간에 다녔다. 당시 낮에 커피숍에서 아르바이트하며 용돈을 벌고 있었다. 손님 중 노인들이 적지 않은데, 원두커피만 내놓기 뭐해서 둘 둘 셋 비율로 넣은 다방 커피를 메뉴로 만들어 팔았다.

가을이 시작될 무렵 낮달을 보며 학교 가던 나는 깜깜한 앞날이 무서워 청춘이 빨리 소진되길 바라며 언덕을 넘었다. 용돈을 벌며 학교 다니는 나와 가족의 생계까지 짊어지고 학교와 회사를 오가는 언니들의 상황은 달라도 너무 달랐을 텐데, 난 내 손톱 밑 가시가 제일 아팠다.

나는 언니의 상황을 전부 이해하기는 힘들었지만, 부모님이 편하게 등록금을 대 주는 아이들과 사정이 아주 다르다는 것쯤은 어림짐작으로만 알고 있었다. 그 시절 나에게 이런 동기 언니가 다섯 명 있었다. 모두 늘 바빴고 야근이 있는 날에는 학교를 결석한다고 울먹이며 과 대표인 나에게 삐삐 음성 메시지를 남겼다. 하지만 그들은 단 한 번도 대리 출석을 부탁하지 않았다. 특별 전형으로 들어온 사람이라는 티를 내고 싶지 않았다고 했다. 대학 이수 과정을 지원해 유능한 인재를 양성하겠다는 회사의 방침은 어디까지나 허울 좋은 명분에 불과했고 그들은 잦은 야근으로 눈 밑에 검은 그늘을 달고 다녔다.

내가 언니들을 위해 해 줄 수 있는 일은 고작 조교님께 결석 사유서를 제출해 주는 일과 수업 내용을 보충 설명해 주는 일뿐이다. 다섯 명 중 가장 친했던 S전자를 다니던 상숙 언니와 노을이 지는 창가에 앉아 천에 염색 물감을 물들이던 어느 늦은 오후, 공예와 그래픽을 함께 배우던 응용 미술과 작업장은 언제나 주야간반 학생으로 북적였다. 그런데 그날 작업장은 이상하게 한산했고 늘 바쁜 상숙 언니도 평소보다 일찍 학교에 와 있었다. 붉은 물감으로 물들인 내 스카프를 보며 언니가 웃으며 말했다.

"너 검은색 좋아하지 않니?"

"검은색 스카프는 좀 그렇잖아요."

나는 언니를 바라봤다. 신기했다. 내가 좋아하는 색을 알고 있다니.

"젊은 애가 좀 밝고 화사한 색을 좋아해야지."

언니는 내가 좋아하는 학생 식당 메뉴를 알고 있었고 키보드를 독수리 타법으로 치는 것도 알고 있었다. 어떻게 알고 있었을까 신기했다.

"누가 일주일만 휴가를 준다면 좋겠다."

그럼 뭐가 하고 싶은지 물었다.

"졸업 여행."

남산의 노을이 언니 등 뒤로 곱게 물들고 나는 붉은 스카프를 휘감던 손을 잠시 멈췄다.

짝이 맞지 않은 신발을 신고 있는 사진을 보여 주며 "내가 참 정신없이 살아요"라고 말하는 수강생 이야기를 듣다 문득 함께 졸업 여행을 가지 못한 상숙 언니가 생각났다. 내가 수강생에게 신발의 짝이 맞지 않은 것을 어떻게 알았냐고 물으니,

"신발 안으로 들어오는 바람의 느낌이 다른 거예요. 아이 유치원 버스 놓칠까 봐 허겁지겁 나섰더니 신발을 짝짝이로 신은

것도 몰랐던 거예요" 한다.

시간을 아껴 글을 쓰고 그림을 그리라고 잔소리를 늘어놓지만 사실 그들에게 아낄 시간도 없다는 걸 모르는 바 아니다. 책을 읽고 그림을 감상하는 일이 취미에 맞지 않는 일일 수도 있다. 그럼에도 나는 부지런히 잔소리한다.

가끔 내 잔소리가 지겨운지 볼멘소리를 하는 수강생도 있다.

"사는 게 너무 퍽퍽해요."

옳은 말이다. 삶의 질감은 대체로 퍽퍽할지도 모른다. 나는 돌봐야 할 아이도 없고 저녁밥을 차려 줘야 하는 남편도 없다. 남을 위해 쓰는 시간이 적어 사는 게 그들보다 덜 퍽퍽할지도.

누군가의 글처럼 예술은 해도 그만, 하지 않아도 그만인 장신구에 불과하다. 일상에 쫓기는 사람이 일손을 멈추고 편히 즐기기에는 다수의 예술 작품은 머릿속을 불편하게 헤집기 일쑤다. 알고 싶지 않은 진실 앞에서 '나더러 어쩌란 말인가'라는 원망도 든다. 밥도 떡도 주지 않고 때론 불필요한 서사 앞에 우리를 세워 둔다.

졸업 여행은 갈 수 없었지만 밀리지 않고 과제를 제출하려 애쓰던 상숙 언니처럼 나는 그들에게 시간을 쪼개어 몰두할 무언가를 만들어 주고 싶었다.

약간은 짐스러운 일을 만들어 주고 싶었다. 책을 읽고 글을 쓰고 그림을 그리면서 타인의 삶을 조금은 이해하기를, 누군가를 탓하지 않고 자신만의 삶의 방식을 선택하길. 이 모든 해법이 글과 그림에 있다고 말하지는 못하겠다. 적어도 모색의 도구로 이보다 좋은 것은 없다고 생각할 뿐이다. 나는 4년간 도서관과 서점, 복지관과 학습관을 돌며 400여 명의 사람들을 만나 글과 그림을 공부했다.

"아버지의 폭력을 피해 뒷산으로 숨은 엄마를 찾는 건 언제나 내 담당이었다. 신기하게도 세 딸 중 나만 엄마가 숨어 있는 곳을 알아냈다. 매번 장소가 바뀌는데 나는 언제나 엄마를 찾을 수 있었다. 어린 나는 달빛을 햇빛 삼아 어둑한 숲길을 달리고 또 달렸다."

내가 사는 마을에 복지관이 있다. 사찰에서 운영하는 복지 센터로 장애인과 노인 그리고 주민 대상으로 여러 프로그램을 운영한다. 나는 그곳에서 지역 주민들과 간단한 글쓰기와 그림 그리기를 하고 있다. 더운 날 땀을 뻘뻘 흘리며 복지관 문을 여는 그들을 보면 신기하게 더위가 저 멀리 물러나는 느낌이다. 나는 수업 준비를 위해 무거운 책을 지고 만원 버스를 타는 수고스러움도 기꺼운 마음으로 감내한다. 이유는 바로 이런 울림이 있는 문장 때문이다.

수강생들에게 외롭고 힘든 누군가를 찾아내는 일이 바로 예술이라고 말했다. 천재적인 감각으로 아무나 할 수 없는 일을 해내는 것도 예술이겠지만 누군가를 위해 '달빛을 햇빛 삼아' 달리는 마음도 예술이라고 말했다.

이 글을 쓴 여인은 눈물을 뚝뚝 흘리며 자신이 쓴 글을 읽었다. 여인의 품에는 순둥이 젖먹이가 새근새근 잠을 자고 있고 여인의 얇은 티셔츠는 아이의 체온 때문에 땀으로 흥건히 젖어 있다. 누군가는 아픈 아들의 건강을 기원하며 또 누군가는 끝내 화해하지 못한 아버지를 그리며 문장을 쓰고 그림을 그린다. 한 줄이라도 정성껏 쓰고 그리고 싶은 사람들의 마음이 바로 예술이다.

달극장

함께하고 싶어 심화반을 만들고, 헤어지고 싶지 않아 그림책을 공부했던 사람들과 벌써 4년이란 시간을 보냈다. 그리고 그림책 독립 출판사 '달극장'을 시작했다. 지나칠 정도로 달을 좋아하는 내 취향을 살려 지은 회사명이다.

여행 가려고 들었던 적금을 사업 자금으로 쓰려고 인출했다. 그림책 독립 출판을 준비하며 고민이 많았다. 내 작품이 아니므로 고민은 더 깊었다. 새벽에 일어나 쓴 모닝커피를 마시며 고독한 CEO처럼 온갖 무게를 다 재며 고민에 고민을 거듭한 결과, 지인들에게 도와 달라고 하자는 결론이 났다.

비싼 수업료 주고 얻은 게 있다면 사람은 혼자 할 수 있는 일이 거의 없다는 거. 이제 남은 일은 착한 지인들에게 애걸복걸하는 일이다. 간절하고 애잔하게. 출판사를 운영하는 친구에게 물어물어 2018년 12월 사업자등록증을 만들었다. 책을 만들기까지 편집 회의 할 공간이 없어 이곳저곳 떠돌았다.

처음에는 마을예술창작소에서 시작해 혁신파크 내부 사무실 그리고 마지막은 우리 집 거실까지 모일 수 있는 곳이면 어디서든 모였다. 내 작업만 집중할 때 (그나마) 마음 편했다. 대나무 숲에서 진심을 말할 기회가 생긴다면 사실 출판사 운영은 나와 맞지 않는다고 말하고 싶다. 살면서 내 영역 밖의 일에 집중하는 일은 다시 없을 것 같다. (그러길 바란다.)
모든 출판하는 마음을 응원하고 싶다. 진심으로.

국립중앙도서관에 '달극장' 신간을 납본하려고 보니 세금 계산서가 필요하단다. 그래서 세금 계산서는 어떻게 하나 보니 홈텍스에 들어가서 하란다. 그래서 들어갔더니 범용 공인 인증서를 갖고 오라기에 그건 또 무엇일까 하고 은행 사이트에 들어갔더니 또 어딜 다녀오란다.
이런 작은 업무도 처리 못 하면서 나는 왜 이 일을 시작했을까, 그런 생각을 하며 아침마다 쓴 커피를 삼켰다. 하지만 다시 생각하면 인생 자체가 그러하지 아니한가. 엄마 배 속에서 출판사 운영을 배운 것은 아니니까, 모든 게 처음이니까, 인간은 처음이니까. 그런 심오한 생각을 하는데 '달극장' 첫 주문이 들어왔다.
내가 강연을 다녀온 전주 책방 같이[:가치]에서 첫 주문이 들어왔다. 그리고 며칠 뒤 영등포 책방 노른자에서 주문이 들어왔다. 돌고 도는 게 인생이라면 난 아주 잘 돌고 있는지도 모른다는 착각이 들었다. 지금 이 인연이 이어져 영등포 노른자 책방에서 1년에 두 번씩 글쓰기 공부를 한다.

내 손을 잡아 준 목요일의 여인들이 화요일의 여인들과 월요일의 여인들을 만나게 해 주었다. 가끔 혼자 있는 나를 위해 밑반찬과 제철 과일을 챙겨 주는 사람들이다. 사업자등록을 하고 독립 출판 강좌를 듣고 혼자 여기저기 걸으며 생각했다. 멋진 걸 하겠다는 목표는 나와 맞지 않으니 각 잡지 말고 하자. 그리고 다시 걷게 되어 기쁘다. 그만 살고 싶었던 내가 상담사의 권고에 따라 사람들을 만났다. 마치 날 위해 기다리고 있던 사람들처럼 내 손을 잡아 주었다.

시작은 소량의 책을 만들어 판매하는 것이고 앞으로는 잘 모르겠고 끝은 더더욱 모르겠다. 우리가 알고 싶은 것은 우리 손으로 단돈 만 원이라도 벌 방법과 지치지 않고 웃는 방법이다. 세상에 좋은 책을 만드는 출판사는 많고 우리까지 좋은 책을 만들 필요는 없으니까. 책을 만들고 공연과 전시를 하고 또 다른 무엇을 할지 잘 몰라서 출판사 이름을 '달극장'으로 지었다. 2019년 그림책 8종을 냈으며 도서관에서 근사한 차담회도 했다. 은평문화재단에서 나와 달극장 작가들과 공동 전시회를 열었다.

만 원 이상은 벌었고, 웃는 방법은 이미 알고 있었고, 좋은 책은 아니더라도 우리의 책을 만들었다. 나름 우리의 목표는 이뤘다고 믿는다.

몸과 마음이 아픈 나를 보듬어 준 달극장 식구들과 달극장 그림책을 사 주신 독자님들 감사하다. 책 홍보에 도움 준 도서관 사서 선생님, 무엇보다 전주 책방 같이[:가치]와 잘 익은 언어들 그리고 영등포 노른자 책방 지기님께 깊이 감사드린다.

위를 보는 사람

자동차가 천천히 산비탈을 내려왔다.

"내가 좋아하는 장소를 좋아하는 사람들에게 소개하면 기분 좋아요."

운전대를 잡은 J작가가 웃으며 말했다. 종일 운전하고 박물관 소개하느라 힘들었을 텐데 싫은 기색 하나 없는 그를 보며 이상한 사람이라고 생각했다. 이상한 사람이란 보기 드물게 선한 사람을 만났을 때 내가 곧잘 쓰는 표현이다. 상대적으로 내가 이기적이고 모난 사람이라 그렇다.

바쁜 일정을 마치고 모처럼 휴식의 시간이 찾아왔다. 나는 사교 모임을 하거나 특별한 취미가 없는 사람이다 보니 동료 작가들과 동행한 짧은 여행이 처음에는 어색했다.

건축을 사랑하는 J작가의 제안으로 박물관을 찾았다. 산속에 있는 박물관은 건물 그 자체가 하나의 건축물인 일본 건축가 안도 다다오의 작품이었다. 건물과 건물 사이를 오가며 우리는 안내자의 설명을 들었다. 공간이 주는 의미와 다양한 건축

용어를 들으며 건축은 산책과 사색을 통해 음미하는 공간의 예술임을 느꼈다. 늘 이곳저곳으로, 지금 해야 할 일과 다음 할 일을 생각하며 공간이 주는 느낌을 감상할 여유 없이 움직이던 나에게 이 짧은 여행은 처음 기대보다 색다른 의미로 다가왔다.

내가 만든 책을 사람들은 어떻게 감상할지 순간 궁금했다. 공간과 공간 사이를 지나는 지금 나의 감정과 비슷할까? 누군가를 감상하게 만들어야 하는 직업적 속성과는 무관하게 나는 그저 마감과 마감 사이를 오가는 사람은 아니었을까.

하루 동안 안내자가 되어 준 그가 우리에게 들려준 마지막 이야기가 오래 남는다.

"학생 때 도서관에서 아르바이트했어요. 사서의 역할을 기대했는데 아니었어요. 내가 맡은 일은 지하 서고에서 낡은 책을 골라내는 일이었거든요. 어느 노교수님이 책을 기증하셔서 도서관을 다시 정리해야만 했거든요. 지하 서고에서 한 달 넘도록 낡은 책을 골라냈어요. 기준은 그냥 낡아 보이는 책을 책장에서 빼내는 거예요. 그런데 신기했어요. 서고 문을 열면 책들이 고요하게 잠들어 있는 것 같았어요. 마치 사람처럼 긴 잠을 자는 느낌이 들었어요. 그러다 내가 툭, 건드리면 긴 잠에서 깨어나는 것 같았어요."

산비탈을 타고 천천히 내려오면서 산이 어둠에 잠기는 것을 보며 그가 지하 서고에서 보았을 어둠을 상상했다. 멈추고 잠들고 사라지는 것은 생명이 없는 사물이나 공간에도 일어나는 자연 현상일까?

낯선 시간의 산책자가 되어 공간과 공간 사이를 천천히 걷고 싶다.

글과 그림은 어떻게 만나 이야기가 되었나?

현이의 아빠는 키가 크고 주먹도 크다.
따귀를 때리거나 주먹질을 하지는 않지만 커다란 몽둥이로 현이의 엉덩이를 때린다. 주먹이 큰 현이의 아빠는 엄마와 헤어지고 정신 질환에 시달리다 요양원으로 떠났고 현이보다 다섯 살 많은 누나도 집을 나갔다. 현이는 할머니와 지냈고 그 잠깐의 시간이 현이에게 가장 행복한 시간이었다고 센터 담당자는 불안하게 말을 이어 갔다.
현이의 행복을 방해했던 사람은 바로 돌아온 누나였다. 누나는 엄마 아빠가 사라진 집으로 다시 돌아왔다. 마치 그때를 기다린 사람처럼 누나는 모든 권력을 휘두르기 시작했고 할머니는 허망하게 현이 곁을 떠났다. 누나는 무엇을 사랑해야 하는지 모르는 소녀에서 아무나 증오하는 사람으로 늙어 갔다.
현이는 연극을 좋아했다고 한다. 비중이 작은 배역도 적극적으로 임했으며 무엇보다 담당 선생님을 놀라게 했던 점은 단원 아이들을 세심하게 배려하는 현이의 태도였다.

그 무렵 아빠의 머릿속 골짜기에는 거친 바람이 불고 엄마는 쪽지 한 장 없이 사라진 뒤였을 텐데 현이는 단원 아이들을 챙기고 언제나 웃음을 잃지 않았다고 한다. 현이가 초점을 잃은 눈빛으로 센터를 떠났을 때도 현이의 가방에는 대본이 들어 있었다.

현이는 이제 자신보다 힘없는 친구를 괴롭히고 자신을 괴롭힌다. 대본을 정리하고 무대를 청소하고 센터 아이들의 간식을 챙기던 현이는 이제 어디에도 없다. 아무도 현이를 버리지 않았다고 말한다. 어른들은 모두 현이를 지키기 위해 최선을 다했다고 말한다. 현이의 눈에서 빛을 앗아 간 것은 사람이 아니라 밤마다 찾아드는 어둠이라고 말한다.

나는 일주일에 하루, 아이들과 그림을 그리고 한 달에 20만 원 남짓한 돈을 받는 사람이다. 노동의 대가를 받는다는 생각으로 센터 문을 들락거리는 사람이다. 아이들의 각각의 사연을 귀로 듣기는 하나 언제나 내 역할의 의미를 확대하지 않으려 노력한다.

아이들의 심리와 마음을 아는 척하기에는 나는 전문 지식도 부족하고 전문 지식이 있다고 한들 나의 역할은 재료와 커리큘럼을 고민하는 시간 강사에 한정되어 있다.

알코올 중독자 아버지가 아들에게 주먹을 휘두르는 장면을 그리다 문득 내가 폭력을 그릴 수 있을지 의문이 들었다. 그림을 잘 그리고 못 그리는 문제가 아니다. 세상에는 손재주만으로 그릴 수 없는 그림이 있다. 그릴 수 없는 이야기는 글로 쓰고 글로 쓸 수 없는 이야기는 그림으로 그린다고 말한 적이 있다. 내가 놓친 게 하나 있다. 할 수 없는 이야기 즉 내가 글을 쓰지 않은 그림은 어떻게 그려야 할까?

〈안녕, 베트남〉과 〈아빠의 술친구〉〈그렇게 나무가 자란다〉〈우리 여기 있어요, 동물원〉〈63일〉〈오월 광주는, 다시 희망입니다〉는 모두 내가 글을 쓰지 않은 그림들이며, 동시에 폭력을 어떻게 그릴 것인가 고민한 작품들이다.

출판사에서 원고를 보내 주면 나는 선택을 망설이지 않는다. 하고 싶은 이야기였는데 하지 못했던 이야기 위주로 원고를 고른다. 좋은 작가님들을 의지해 걷는 기분으로 작업한다. 내가 글을 쓰지 않은 만큼 그림에 집중하며 조용히 이야기의 뒤를 따르고 싶다.

전쟁 장면을 그리던 어느 날, 꼬박 밤새고 날이 밝는 걸 지켜본 적이 있다. 잠드는 것도 잊을 만큼 작업에 몰두해서가 아니다. 종이 위에서 계속 연필이 헛돌았기 때문이다. 일정을 맞춰야

하는데 공회전만 하고 있어 답답했다. 마감보다 전쟁 사진을 보는 게 더 어려운 숙제다. 처참한 광경을 보는데 땀인지 뭔지 모를 물기가 자꾸 흘러서 얼굴이 따갑다. 에어컨 없이 버티는 여름이라 그런가 아니면 누구나 이 참상 앞에서 자유롭기 힘든 건가. 하나님을 섬기는 친구에게 신은 우리에게 강 같은 평화를 주실 의향이 없는 것 같다고 따진 적이 있다.

〈반달〉을 쓰고 그린 친구 김 작가를 만나 점심을 먹었다. 김 작가가 말하길, 자신은 작고 가난한 존재들에게 위로를 주는 작품을 만들고 싶단다. 모 작가는 밤마다 문학의 쓸모를 고민한다고 말한다. 내가 좋아하는 두 작가 모두 같은 곳을 바라보는 창작자다. 난 아무 생각이 없는 거 같다. 그림책을 만들겠다고 나만 보고 살았다. 이런 내가 갖는 마음이 있다면 아마 고통을 경험한 당사자보다 더 크게 울지 말자는 다짐이 전부다.

어느 강연에서 무거운 사회 문제를 그림책으로 만들 때, 괴로운 마음이 들면 어떻게 극복하냐는 질문을 받았다. 자료 사진이나 영상 자료를 볼 때마다 토가 나올 정도로 괴롭다. 그림으로 무엇을 어떻게 보여 줘야 할지 막막하기도 하다. 아무리 괴로워도 "내가 피해 당사자보다 괴롭지 않다고 생각한다"라고 답했다. 오늘도 지옥에 가까운 뉴스가 쏟아진다. 그림책 세상은 그림책 안에만 있는지 잘 보이지 않는다.

심진규, 허정윤, 김흥식 작가님들의 원고에 그림을 그리며 곁눈질로 세상을 조금 공부했다. 평화는 얼마나 허망하게 우리를 떠나고, 얼마나 어렵게 우리에게 오고 있는지 알았다. 쉽게 망친 세상을 어렵게 되찾고 싶은 사람이 하루 한 명씩 늘어나길. 그림에 바람을 담을 수 있는 능력이 내게 있으면 좋겠다.

강을 건너는 사람들

친구가 운영하는 출판사로 내 연락처를 알려 달라는 전화가 왔단다.

이 말을 전해 주던 친구 왈 "너랑 일하는 것도 싫지만 네가 다른 출판사랑 일하는 건 더 싫어" 그런다. 너무 웃긴 말이라 오래 두고 자주 웃는다.

다른 직업에 대한 이해가 부족했던 나는 늘 내 직업의 특성만 생각했다. 나만 어렵고 힘들다고 여겼던 것 같다. 멀리서 편집자들을 보며 뭔가를 기획하고 결정하는 사람들이라고 단순하게 판단했다. 하지만 이들과 가까이 지내며 이들의 애환(?)을 알게 되었다. 때로는 많은 것들을 기다리고 때로는 어렵게 무언가를 거절하는 사람들이다. 기다리다 지치고 지치지만 기다리는 쓸쓸한 사람들이다. 어느 직업이나 애환이 있기 마련이지만 편집자들에게 종종 애잔한 마음이 든다. 가끔 욕을 먹어도 작가가 먹고 부와 명예를 누려도 작가가 누린다고 농담처럼 말하지만 내게 있어 편집자는 함께 강을 건너는 사람이다.

아이들과 수업 중에 벨이 울려 학생 하나가 책상 위에 있던 내 휴대 전화를 전해 주었다. 전화 통화를 마치고 나니 곁에 있던 아이가 "선생님, 출판사에서 온 전화죠?" 하는 거다. 통화 내용에 출판사에서 걸려 온 전화라는 걸 암시할 만한 내용이 없었는데, 어떻게 알았느냐 물으니 평소랑 다르게 상냥한 말투였다고. 나는 그만, 헐~ 했다.

쉬는 시간 끝나고 2교시가 시작되니 아이가 다른 친구들한테 이 이야기를 전하면서 "선생님 안 유명한 작가죠?" 그러더니 막 웃는다. 내가 안 유명한 사람이라 실망했느냐 물으니, 괜찮단다. 자기들 책 잘 안 읽는다며 날 위로했다. 녀석들 덕분에 웃었다. 아이들의 언어가 온통 은어와 욕설이고 정서적 교감도 쉽지 않지만, 이상하게 이 아이들이 싫지 않다.

아이들의 말을 듣고 나와 편집자의 관계를 생각하게 된다. 강연 때마다 종종 편집자의 의존도가 높은 작가라고 고백한다. 오늘 편집자 친구가 전화로 사적인 고민이 있는데, 차마 꺼내지 못하겠다고 망설인다. 그러면서 뜬금없이 내 신간 그림책을 봤다며 말머리를 돌린다.

더 말하기 힘든 거 같아 그냥 사무적인 이야기만 나누고 전화를 끊으려고 하는데, "오늘은 네가 작가가 아니었음 좋겠어" 그런다.

작가와 편집자 사이에 진짜 친구는 어렵다는 말을 들은 적이 있다. 진짜 친구의 정의도 모호하지만, 직업이 관계에 미치는 영향이 전혀 없다고 말하기도 어렵다.

나를 작가로 생각하지 말고 편하게 말하라고 하지 않았다. 고민의 내용을 대충 알겠는데 전혀 모르는 척 지나갔다. 내가 조금 덜 냉정한 사람이었다면 위로도 모양새 나게 했을 텐데. 나는 전혀 그런 사람이 못 된다. 관계 안에서 필요 이상 냉정하거나 지나치게 눈치가 없다. 오늘도 뭔가 실수하고 '내가 당신의 선을 넘었다면 미안' 그런 마음으로 반성하며 살아갈 뿐이다. 적당한 거리를 전혀 모르며 세련됨과 거리가 멀다. '쿨'한 상태를 세련된 인간관계라고 생각하기 쉬운데 그 쿨한 상태도 개개인이 가진 온도 차 때문에 평균을 측정하기 어렵다.

조금 안다고 너무 질척대는 건 아닐까?

아는 사이에 너무 모르는 척 지내는 건 아닐까?

관계 안에서 자신의 온도에 민감할 수밖에 없다. 상대를 알고 싶다는 욕망과 관계 안에서 '나'를 온전히 지켜 내고 싶은 욕망이 때때로 마찰음을 내며 충돌한다. 마찰음을 감지한다고 더 좋은 관계를 맺는 것도 아니다. 우물쭈물하다가 때를 놓치기도 하고 말하지 않아도 알아주겠거니 하다가 흘러가기도 한다. 그립기도 하고 외롭기도 하다.

초저녁 하늘을 올려다보니 겨울나무의 잔가지들이 보인다. 저 많은 가지를 달고 나무는 근심이 없었을까, 엉뚱한 상상을 한다. 생각이 하나의 가지만 뻗어도 허둥대는 나에 비하면 나무는 자기만의 방법으로 계절의 변화를 경험하고 있을까?

나는 이기적이며 동시에 까다롭다. 까다로운 동시에 허술하다. 낙하하는 고무 동력기처럼 가라앉고 강아지처럼 시끄럽다. 나는 종종 편집자들을 불편하게 만든다.

내가 만든 작품의 의도를 설명해야 할 때가 있다. 우리가 하는 대부분의 편집 회의란 서로를 설득하는 과정이다. 나는 창작의 의도를 설명할 때 곤란함을 느낀다. 내 의식의 흐름을 나도 파악하기 어렵기 때문이다. 대체로 즉흥적이고 여기저기 구멍이 많은 사람이라 그렇다.

그리고 난 작가의 말이 쓰기 싫다. 본문 전체가 작가의 말인데 뭘 자꾸 설명하라는 건지 모르겠다. 하지만 고분고분 쓰라면 쓴다. 그래서 원하신다면 써 드리리다 하는 마음으로 썼는데 그걸 간파한 편집자들이 있다. 쥐어짜서 쓴 건 필요 없다는 편집자도 있고, 쓰고 싶은 마음이 들 때까지 날 설득하는 편집자도 있다. 내 마음을 어찌 알았을까? 몇 줄 되지 않는 문장 안에서 내가 보였다는 게 신기했다. 같이 쇼핑을 가거나 영화를 보러 간 적도 없는데 나의 술 취향과 글 뒤에 숨은 나를 귀신처럼 찾아낸다. 중요한 건 내가 그 편집자들을 의지하고 있다는 사실이다.

함께 일한 편집자들이 가끔 이상해(?) 보일 때가 있다. 자기가 빛나는 일도 아닌데 뭘 저렇게 열심히 하나, 월급 받은 만큼만 하면 되는 일 아닌가…… 그런 의문이 든다. 물론 개인적으로 성취감도 있겠지만, 모든 것을 떠나 우리가 마주하는 순간이 있다. 짧지만 강렬하고 돈으로 환산하기 어려운 감정 혹은 느낌이라고 해야 하나.

사람들에게 들려주고 싶은 이야기를 함께 만들고 있다는 생각이 드는 순간, 십이지장으로부터 올라오는 진심이란 게 있다. 이걸 내 부족한 어휘로 설명하기 힘들다.

예전에는 편집자가 열심히 일하는 게 당연하다고 생각했는데, 당연한 노력은 없다는 걸 알았다. 내 두 번째 산문집 제목을 '지금 하고 싶은 말'이 어떻느냐 물은 편집자에게 다시 말해야겠다. 당신이 옳다고. 만약 이 책 제목이 다른 것으로 정해진다 해도 말이다. 나도 물리적인 힘으로 낡아지면서 동시에 귀해지는 순간을 살고 있으니.

4부

쓰고 그리지 못한 이야기

섬세한 즐거움

선생님을 처음 뵌 것은 8년 전, 어느 출판사 회의실이었다. 회의를 마치고 일어서는데 선생님께서 지인과 함께 회의실 문을 열고 들어오셨다. 당시 선생님은 유명한 그림책 작가셨고 나는 책 한 권 내지 못한 처지였다. 나는 한눈에 선생님을 알아볼 수 있었지만, 선생님은 당연히 나를 모르셨다. 하지만 밝게 웃으시며 내 인사를 받아 주셨다. 8년 전 5분 남짓한 시간이 선생님과 내가 함께한 유일한 시간이다.

8년 전 그날 선생님은 자신의 신간을 보기 위해 출판사로 직접 들르셨다. 책이 나오면 댁으로 보내 드릴 텐데 어려운 걸음을 하셨냐고 송구스럽게 바라보는 담당자에게 선생님은 이렇게 말씀하셨다.

"내가 만든 그림책이 보고 싶어서 밤에 잠도 설쳤어요. 자랑하고 싶어서 친구도 데려왔는데……."

선생님 곁에서 선생님처럼 친구분도 수줍게 웃고 계셨다. 나는 그림이 든 내 화구 가방을 손으로 힘차게 움켜쥐었다.

나는 밤잠을 이루지 못할 만큼 설레며 그림책을 만들지 못했다. 늘 어딘지 모를 곳에 도착하기 위해 노심초사하고 안달복달했다. 지금도 별반 다르지 않다. 과정을 즐기지 못하고 언제나 도착지에 다다르기만 원했다. 하지만 다가가면 갈수록 멀어진다고 여겼던 도착 지점은 어쩌면 처음부터 존재하지 않은 것이었는지 모른다. 과정을 제대로 느끼지 못하는데 도착은 처음부터 그 실체가 불분명한 것이다.

홍성찬 선생님은 50년 넘는 세월 동안 화폭을 마주하며 아이들이 웃는 모습, 시장에서 일하는 상인, 덩실덩실 춤을 추는 사람, 어느 낡은 괘종시계 이야기를 그리셨다. 그림 그리는 게 너무 좋아 그림책을 만들었고, 그 일이 좋아 밤잠을 설친다고 수줍게 말씀하시던 선생님은 이제 책으로만 만나 뵐 수 있다. 아니 책으로 다시 만난다.

매달 생활비, 공과금, 병원비, 기타 등등. 지금도 입에 이 단어들을 달고 다니며 일을 구하고 하루를 버틴다. 그에 비해 내 수입은 늘 벼룩의 간과 비슷하게 생긴 무엇으로 내게 돌아온다. "아무도 저에게 작가가 되라고 요구한 적은 없어요. 그러나 살아남고, 공과금을 내고, 식구들을 먹이고, 동시에 자신을 작가로 생각하고 글쓰기를 배우는 일은 참 어려운 일입니다. 아이들을 키우고, 글을 쓰려고 애쓰면서 제가 빨리 끝낼 수 있는 걸 써야 한다는 것을 깨달았답니다. …… 당장 보수를 받을 수 있는 것을 써야 했습니다. 그래서 단편이나 시를 썼지요."

오늘 소설가 레이먼드 카버의 말이 가슴에 와닿는다. 무엇으로 살아남을 것인지 고민하는 나에게 살짝 힘이 되어 준다. 어쨌든 먹고살아야 한다.

예전에 중학생 친구 방학 숙제로 인터뷰를 했다. 교보문고 분식점에 앉아 샌드위치 하나를 사 주고 친구의 질문에 답했다. 친구의 질문은 예상을 크게 벗어나지 않았다. 그림책 작가가 꿈인 친구들에게 이 직업을 권한다면 어떤 점을 꼽겠느냐는 질문이 있었다. 난 필요 이상으로 진지하게, 누구에게 어떤 직업도 권하고 싶지 않다고 답했다. 그랬더니 친구가 당황하며 혹시 작가가 가난한 직업이라 그러느냐 물었다. 외로워서라고 답했던 기억이 난다. 외로웠다. 아무도 기다리지 않는 것을 주물럭거리는 것도 외로웠고, 모르는 아이에게 샌드위치 하나 사 주며 속으로 가격을 걱정하는 나도 좀 지겨웠다. 친구는 '이 아줌마를 찾아왔다가 방학 숙제 망쳤다' 싶은 얼굴로 돌아

섰다. 난 내 직업이 좋지도 나쁘지도 않다. 그냥 해야겠구나 싶어서 했고, 하다 보니 하고 있다.

책을 계약하면 보통 계약금 100만 원을 받는다. 일부를 떼어 적금을 붓는다. 비상시 쓰려고 조금씩 모은다. 인세는 출판사마다 다르다. 인세가 들어오면 일부를 떼어 적금을 붓는다. 이건 내가 요양원 들어갈 때 쓰려고 조금 큰 액수를 모아 둔다. 그리고 증쇄를 하면 들어오는 인세가 있는데 이건 워낙 적은 액수라 친구들이랑 맛난 거 먹거나 기부를 한다.

나는 일찍 부모님으로부터 경제적 독립을 했고 여러 아르바이트를 했지만 정작 통장에 일정 금액을 유지하게 된 건 2~3년 정도밖에 되지 않는다. 가장 큰 불안은 주거와 병원비 그리고 내 노년이었다. 1인 가정의 가장답게 저물어 가는 나를 위해 최선을 다하고 싶다.

함께 공부한 사람들과 그림책 독립 출판사를 만들기 위해 독립 출판 강좌를 들었다. 과정 중 편집 디자인은 고도의 센스가 필요했다. 글자 상자 하나와 그림 상자 하나로 완성한 지나치게 심플한 내 책표지를 보고 있자니 돈 주고도 못 산다는 센스가 내게 없다는 걸 알았다. 그나마도 그림 상자 배치를 못 해서 헤매던 나는 "선생님, 상자를 페이지 밖으로 이빠이 땡기나요?"라는 무식한 질문을 했다. 사람들이 막 웃었다. 곁에 있던 다른 수강생이 "저는 표지 색을 청둥오리 목덜미 색으로 하고 싶어요"라는 섬세한 질문을 했다. 비교된다. 우아함이란 타고나는 것 같다. '이빠이'와 '청둥오리 목덜미' 사이에서 모국어의 속살을 느꼈달까.

섬세한 즐거움을 느끼고 싶다. 내게 부족한 게 있다면 작업과 나 사이의 공기가 흐를 만큼의 틈이다. 순환 없이 계속 돌기만 하는 건 내게서 중요한 무엇을 앗아 가기만 할 뿐이다.

고양이 친구들

하늘이의 눈과 코 사이에 생긴 종양이 빠른 속도로 커졌다. 처음에는 안구가 함몰되었고, 얼마 뒤엔 뇌를 자극했다. 죽음이 빚쟁이처럼 문밖에서 우리를 재촉하고 있는데 나는 용기가 나지 않았다.

고통을 덜어 주어야 한다는 책임과 누군가의 죽음을 결정한다는 죄책감이 나를 괴롭게 했다. 소중할수록 고통도 만만치 않았다.

아침마다 피 묻은 침대 시트를 세탁했고 앞이 잘 보이지 않는 하늘이가 화장실을 잘 찾는지 지켜봐야 했다. 얼굴 절반이 피딱지로 덮이고 숨이 점점 가빠 왔다. 그제야 알았다. 시간이 지날수록 하늘이에게 남은 건 고통뿐이다. 무능한 내가 할 일은 안락사 여부를 결정하는 것이다. 내가 할 수 있는 게 그것뿐이라는 게 슬펐고, 그거라도 있다는 게 유일한 위안이었다.

여섯 마리 고양이와 함께 살면서 관장을 직접 하거나 감기나 방광염의 전조를 알아보는 능력이 생겼다. 하지만 내가 할 수 있는 건 고양이를 들고 병원으로 뛰어가는 게 전부다. 그때마다 병원비를 감당하느라 힘들었고, 아픈 녀석들을 지켜보는 수고로움도 적지 않았다. 하지만 그 어느 것도 안락사를 결정하는 문제에 비하면 아무것도 아니었다.

하늘이를 길에서 처음 발견했던 날이 기억난다. 고름이 가득 찬 눈으로 허공을 향해 울던 새끼 고양이. 어렵게 눈을 뜬 하늘이는 마지막 순간까지 별처럼 빛나는 눈으로 나를 바라보았다. 한쪽 안구가 함몰되었을 때도 남은 한쪽 눈은 끝까지 빛나고 있었다.

병원 수술대 위에 하늘이를 눕혔다. 목덜미에 전신 마취제를 넣고 사지가 굳는 걸 지켜보았다. 이마를 쓰다듬고 이름을 불렀다. 그리고 잠든 하늘이에게 마지막 주사제를 투여했다. 병원비를 계산한 뒤 하늘이를 데리고 밖으로 나왔다.

나는 어떤 순간에도 울지 않았다. 울 자격이 없다고 생각했다. 안락사 비용을 계산한 카드 영수증을 지갑에 넣어 두었다. 하늘이가 보고 싶을 때마다 꺼내 보는 것으로 내게 벌을 주고 싶었다. 나는 어느 날 하늘이의 피가 묻은 침대 시트를 세탁하며 짜증을 냈을지 모른다. 또 어느 날에는 하늘이의 마지막이 너무 늦게 찾아오지 않길 바랐을지도 모른다. 내가 정한 하늘이의 마지막이 하늘이가 원하지 않은 선택일지도 모른다. 그런 생각이 들 때마다 카드 영수증을 보며 내가 내린 결정을 후회하는 것으로 벌을 주려고 했다.

5월의 하늘은 하늘이의 눈동자처럼 맑고 푸르렀다. 미세 먼지가 하늘을 뒤덮었다는데 내 눈에는 온통 푸른빛이었다. 하늘이를 보내고 집으로 돌아와 낮잠을 자고 싶었다. 꿈에서라도 편하게 울었으면 좋겠다고 생각했다. 그런데 집에 남겨진 막내 고양이 마니의 상태가 심상치 않았다. 연이은 죽음이 나를 울지 못하게 만들었다.

하늘이를 보내고 열흘 뒤 마니마저 내 곁을 떠났다. 처음에는 소변을 보지 못했고 차츰 식사를 거르더니 온몸을 비척거렸다. 마니는 피를 흘리며 천천히 죽어 갔다. 마치 슬로우 모션 영상처럼 내게는 길고 긴 순간이었다. 피를 흘리며 거친 숨을 몰아쉴 때 하늘이처럼 보내 주고 싶은 생각도 들었다.

마니는 물도 먹지 못한 채 오래 버텼다. 통증이 느껴질 때마다 집 이곳저곳을 옮겨 다녔다. 통증이 심해지고 걷지 못하게 되자 아무 데나 머리를 박기 시작했다. 그렇게 고꾸라질 때마다 나는 아무것도 하지 못했다. 통증이 심해지면서 뇌사 상태에 들어갔다. 동공이 열리고 숨은 남았는데 미동도 하지 않았다. 친구가 만들어 준 수의를 깔고 그 위에 마니를 눕혔다. 항문 쪽에서 피가 흐르더니 입이 벌어졌다.

숨을 확인하려고 마니의 코끝에 손가락을 대고 있었다. 미세하게 남은 숨을 확인한 뒤에도 마니의 콧구멍에서 내 손가락을 떼지 않았다. 나는 마니의 남은 숨을 멎게 하고 싶었다. 하늘이의 투병이 길어지면서 마니는 혼자 아팠을지도 모르겠다. 고통은 마니의 몸과 정신을 지배했고 가는 날까지 그 작은 몸을 붙잡고 놓아주지 않았다.

마니의 코에서 손을 떼고 생각했다. 나 편해지자고 이러나 싶었다. 남은 숨을 어쩌지 못하고 마니 곁에 누웠다. 늘 그렇듯 떠나는 그들 곁에 가만 눕는 것이 어떤 의식이 되었다.

몇 분 뒤 마니의 남은 숨마저 멎었다.

마니를 보내고 돌아와 마니가 자주 들어가 앉아 있던 옷장을 열고 울기 시작했다. 내가 울자 곁에 있던 친구가 마음이 놓인다고 했다. 하늘이를 보내고 마니마저 떠나면서 울지도 못하는 내가 많이 안쓰러웠던 모양이다. 나는 옷장 속에 넣어 둔 침구류에 머리를 묻고 목구멍이 뜨거워지도록 울음을 토해 냈다.

마지막 고양이 장례식은 그렇게 끝이 났다.

청소하다 냉장고 밑에서 굴러 나오는 사료 알갱이를 보며 내가 마니에게 얼마나 부족한 친구였는지 깨닫는다. 휴대폰 사진을 보며 우리의 일상이 얼마나 평온했는지 깨닫는다. 깨닫는 게 늘어날 때마다, 우리가 헤어졌다는 사실을 아프게 받아들인다. 소중했기에 아프다는 걸 알면서도 슬픔이 한동안 나를 떠나지 않았다.

죽은 명사 '죽음'과 살아 있는 명사 '삶' 사이에 무엇이 있는지 나는 알지 못한다.

여름 냄새

내 나이 여섯 살 때, 언니를 처음 만났다. 언니는 태어나자마자 형편 때문에 할머니 댁에서 자랐다. 처음 언니를 만난 날을 또렷이 기억한다. 어느 날, 그것도 갑자기 내게 언니가 생긴 거다. 내가 우리 집 첫째 딸인 줄 알았는데, 충격이 이만저만 아니었다. 초등학교 입학을 위해 언니가 집으로 오던 날, 짐 보따리에 할아버지가 사 주신 비싼 인형과 장난감이 들어 있었다.

나는 사람들이 '정순이 엄마'에서 '윤경이 엄마'로 바꿔 부르는 게 몹시 화가 나 언니에게 심술을 부렸다. 인형 머리도 동강 자르고 언니 용돈도 훔쳐서 쌍쌍바도 사 먹었다. 예쁜 샌들 끈도 잘라 놓고 일기장도 훔쳐봤다. (한글을 몰라 그나마 다행이다.)

친구들이 고무줄놀이 못 한다고 날 따돌렸는데 언니만이 내게 유일한 고무줄 연습 상대가 되어 주었다. 검은 고무줄을 나무에 묶고 1단부터 천천히 노래를 부르며 장단을 맞춰 주었다. 고무줄을 묶으며 땀을 뻘뻘 흘리던 언니, 모래알이 들어간 내 샌들을 탈탈 털어 주던 언니, 그때까지 한 번도 언니라고 부르지 않은 언니. 요란한 매미 울음소리에 지지 않으려 목청을 높여 노래를 불러 주던 언니의 목덜미로 찐득한 땀이 흘렀다.
아무리 연습해도 나아질 기미가 보이지 않는 나의 고무줄 실력에 포기할 만도 한데 언니는 계속 같은 자리에 서서 노래를 불러 줬다. 일요일 아침마다 보던 만화 영화 '소공녀'처럼 가여워 보였다. 심술 맞은 꼬마의 변덕이었겠지만 그래도 그 순간은 진심으로 언니가 가여웠다. 딱 한 번 미안하다고 말했는데, 매미 울음에 묻혀 언니 귀에 닿지 않았던 그해 여름이 생각난다. 그 시절 우리는 쓰레빠 끌고 쭈쭈바를 사 먹고 있으면 동네 꼬마들이 난닝구와 뻑뻑이 신발을 신고 정신없이 골목길을 달렸다. 턱 끝에 달린 땀을 닦고 양품점 앞을 지날 때면 라디오에서 장마 전선이 북상 중이라는 소리가 나왔다. 과일 가게에 진열된 형형색색 과일들과 생선 가게에서 풍겨 오는 모기향. 유모차 속에서 땀범벅이 되어 잠든 아가. 부채질하다 꾸벅꾸벅 졸고 있던 복덕방 할아버지. 좋아하지 않았던 계절, 여름. 이제 어디를 둘러보아도 보이지 않는 계절이 되었다.

종일 뛰놀다가 해가 지면 마지못해 집으로 돌아가곤 했다. 대문을 열고 집 안으로 들어서면 집 안 가득 여름밤 특유의 냄새가 났다. 초록색 나선형 모양을 하고 조용히 타들어 가는 모기향 냄새다. 각종 다양하고 편리한 모기 퇴치 용품이 나와도 이 냄새를 대신할 여름 대표 냄새는 아직 없는 것 같다. 옛날 냄새가 느끼고 싶어 슈퍼에서 모기향을 샀다. 양철 꽂이에 꽂아 접시에 담아 모기향을 피워 보았다. 하지만 유년의 여름밤 그 특유의 냄새는 나지 않았다. 콧구멍이 까매지도록 밖에서 놀다 들어오면 난닝구를 입은 아버지가 비닐 장판을 걸레질한다. 마당 구석에서 모기향이 타고 있고 걸레질을 마친 아버지가 이부자리를 곱게 깔아 준다. 곧이어 형광등이 꺼지면 모두 잠자리에 들라는 신호다.

내 형제들은 요란한 소리를 내며 이불로 돌진한다. 우리가 잠이 들면 난닝구 차림의 아버지는 우리 곁에서 모기향에도 죽지 않는 모기를 파리채로 잡고 있었다. 잠들지 못한 밤 곁눈으로 살짝 보았다. 모기를 잡는 아버지의 진지한 얼굴을 텔레비전만이 조용히 비추고 있다. 우리가 깰까 봐 텔레비전 볼륨을 낮추고 저녁 뉴스를 보던 아버지. 모기도 잡고 파리도 잡고 뉴스도 보면서 병아리 같은 새끼 셋이 잠든 모습을 설핏 곁눈으로 바라보았을 아버지. 무슨 생각을 했을까?

지나간 정취를 느끼자고 모기향을 켜고 앉아 있자니 기대했던 냄새가 나지 않은 이유를 알 것도 같다.

곁에 아무도 없는 여름밤이다. 모기를 잡아 주며 지켜야 할 사람도 없고, 더위를 견디며 책임을 다해야 할 존재도 없는 내게 유년의 모기향은 추억 속에서만 존재하는 여름 특유의 냄새일지 모른다.

어린 시절 밖에서 친구들과 바라보던 하늘에는 별이 총총했다. 흔하게 별을 볼 수 있어 여름밤이 좋았다. 흔하디흔한 게 별이니까 귀하게 여겨질 날이 올 것을 생각하지 못했다. 별이 무성한 여름의 밤하늘, 젊고 다정했던 나의 아버지 그리고 나와 비슷한 얼굴을 하고 매일매일 자라나던 나의 형제들과 친구들.

어딘가에 그 시절이 아직도 늙지도 않고 소멸하지도 않은 상태로 남아 있을 것 같다. 하지만 여름밤의 정취는 이제 어디로 갔을까?

여름을 담은 그림책을 만들고 싶다. 사계절 중 가장 색과 향이 진한 계절, 아쉬움도 후회도 추억도 기쁨도 모두 대지를 뚫고 피어오르는 계절, 그립고 다정한 시절을 그리고 쓰고 싶다. 아니 만지고 싶다.

선아 언니

다정한 말 한마디, 어떤 위로도 없이 언니는 나를 조용히 바라보았다. 나는 일순간 온몸으로 수압을 느끼며 바다로 침잠하는 돌덩이처럼 그대로 가라앉았다. 이제 언니만큼 늙어 버린 2층 양옥집은 곧 다가올 장마를 느꼈는지 얕은 숨을 쉬고 있는 듯했다. 낡은 집처럼 늙어 가는 우리, 언니와 나 사이에 이것처럼 확실한 공통분모가 또 있을까 싶다.

100장의 그림이 밥상 위에서 멋대로 펄럭이는데 우리는 손끝이 아릿할 때까지 담배꽁초의 재를 떨지 않았다. 필터만 남은 언니의 담배꽁초가 내게 보낸 가장 깊은 위로다. 우리가 살아 있다는 증거니까. 아픈 띠동갑 언니의 손을 잡으려다 말았다.

늙은 집에 앉아 있는 늙은 우리. 웃는 듯 울었고 우는 듯 웃었다. 언젠가 좋지 않은 일이 있어 심란하던 차에 언니에게 전화를 걸었다. 통화 연결음이 끝나고 바로 "너, 울었니?" 난 숨소리도 내지 않았는데 작두를 탄 언니를 이길 길이 없다. 나를 열심히 다독이던 언니는 "난, 네가 살아 있어 참 다행이다"고 했다. 어떤 시련이 싸다구를 때려도 살아 있을 때 부지런히 살아야 한다고, 내가 살아 있어 다행이란 언니의 말을 그렇게 해석했다.

어느 날 언니랑 저녁을 먹다가 우리가 언제 만났는지 따져 보았다. 언니는 다정한 사람이라 싹수가 많이 모자란 나를 살뜰하게 챙겨 주었다.

함께 작업하면서 어디서도 느껴 보지 못한 지극한 보살핌을 받았기에 출간 이후 들은 모든 칭찬은 언니 덕이다. 우리가 늦게 만나 아쉽다고 말하는 언니에게, 바보인 날 혼자 내버려두지 말라고 매달릴 뻔했다. 서로 다른 곳을 향해 떠나는 우리. 길 끝에서 다시 만나 예전처럼 머리를 맞대고 고민하며 늙어 갈 수 있을지 알 수 없다. 그게 바람으로만 남더라도 너무 아쉬워하지 말자고. 사람은 찰나를 사는 동물 같다. 소중한 사람과 웃고 있는 지금이 가장 눈부신 순간 아닐까.

언니가 당신 아버지 장례식 날 이야기를 해 주었다. 집 앞 노점에서 과일을 파는 아저씨께서 봉투에 2만 원을 넣어 왔는데 당시 땡볕에 과일을 온종일 팔아도 벌기 힘든 액수였다고 한다. 언니는 당신의 아버지가 자식에게는 좋은 부모가 아니었어도 남들에게는 호인이었구나 생각했다고. 사람의 영혼은 살아 있을 때만 존재하는 것은 아닌 것 같다. 남은 사람들의 기억 속에서 다시 한번 더 존재하는 게 아닐까. 잘 모르지만 그랬으면 좋겠다.

언니와 나는 서로에게 무엇으로 남을까?

책 만드는 일 외에 별다른 취미가 없는 편집자와 책 만드는 일 외에 만사 퉁명한 디자이너와 책 만드는 일 외에 다른 일상이 없는 작가가 모여 벌써 그림책 두 권을 만들었다. 어떤 사람은 드림팀이라고 우리를 응원하지만, 실제 우리는 날마다 겨우 가드를 올리는 늙은 산양이다.

앞으로 언니와 한 권만 더 하자고 약속했는데 내일을 걸고 뭔가 계획하는 건 허무할 수 있다. 그럼에도 한 권을 더 만들 수 있다면, 시간이 우리의 작업을 허락하길 바랄 뿐이다. 그러니 우리 세 사람 무사히 다시 만나길. 우리는 서로에게 그렇게 남는 사람이길.

엄마

엄마가 요실금 팬티를 사 달라고 전화를 했다. 가까이 사는 동생댁이나 대하기 어려운 큰딸보다 내가 생각난 모양이다. 요실금 수술을 하는 날에도 가족에게는 여행 간다고 거짓말하고 나만 데리고 입원했다. 어울리지 않는 선캡을 쓰고 병원에 들어가던 날 우리 모녀는 세상에서 가장 야한 농담을 하며 웃었다.

엄마가 일하던 재래시장 화장실에는 문도 제대로 달리지 않았었다. 남성 위주의 공동변소를 사용하던 엄마는 방광염과 요실금을 또래보다 일찍 앓았고 수술로도 완치가 되지 않았다.

엄마는 말한다. 자식 셋 낳고 먹고살다 보니 밑이 빠졌다고. 어릴 땐 '쎄가 빠진다'라는 게 무슨 뜻인지 몰랐다. 그 뜻을 알게 되었을 때, 장정 열 명이 내 몸에 매달려 있는 것처럼 힘겨웠다. 사물의 생김보다 기능이 우선인 울 엄마에게 어울리는 단아한 팬티를 골랐다. 전화로 "엄마 팬티 곧 날아가네" 했더니 브

랜드 팬티냐고 농담을 한다. 울 엄마 농담 나무의 열매는 아직도 싱싱하구나. 다행이다.

언젠가 엄마가 말린 생선을 조리해서 보냈다. 점심에 꺼내 먹는데 이 생선 뭔가 이상하다. 무슨 생선이 가운데 토막만 있다. 꼬리도 머리도 없고 살점 두둑한 가운데 토막만 있다. 가끔 귀한 밥 먹고 너무 대충 사는 거 아닌가 반성한다. 생선 꼬리만 드시는 부모님께 난 과연 가운데 토막만 먹어도 좋은 자식일까.

엄마가 보낸 음식 택배 상자를 뜯고 있는데 휴대폰이 울렸다. 엄마다. 잘 받았고 잘 먹겠다고 말하고 전화를 끊으려다가 "엄마" 하고 불렀다. 그러고 잠시 아무 말 없이 가만 듣고 있었는데 엄마가 대뜸 "사랑해" 그랬다. 왜 불렀냐고 무슨 일 있냐고 묻지 않고 그냥 담백하게 사랑한다고. 난 자식이 없어서 언제 사랑한다고 말해야 하는지 타이밍을 모르는 사람일까? 난 허기를 위장으로 느끼는 게 아니라 정서로 느끼나?

요즘 엄마를 만나지 못하고 전화 통화로 대신한다. 바쁘다고 엄살 좀 부렸더니 부지런히 살라고 한다. 봐 주는 사람도 없는데 열심히 해서 뭐 하나 그랬더니 누구 보여 주려고 열심히 사냐? 그럼 누가 봐 줄 때까지 열심히 살아라 그런다. 내가 입맛만 다시다가 엄마, 다시 부른다. 습관적으로 허무를 반복하는 딸에 비해 적극적으로 생을 긍정하는 엄마. 바쁘단 핑계가 부끄러워 얼굴이 홍어 무침처럼 벌겋다.

아직 그림책에 담지 못한 사람이 있다. 바로 엄마다. 엄마를 쓰고 그릴 수 있을까? 언젠가 내게 그런 날이 올까? 자식의 행복 속에 부모의 행복도 포함되어 있다는 걸 모르는 단 한 사람이 내 엄마고, 그런 엄마의 딸이 바로 나인데 말이다.

이야기의 이야기

내가 살던 소래포구에 동네 아이들 전부가 무상으로 다닐 수 있는 병설 유치원이 있었다. 앞집 뒷집 친구 모두 같은 시간에 나란히 유치원에 갔다. 유치원 안에서 놀다가 집에도 함께 갔다. 집에 와서도 동네 곳곳을 멈추지 않는 팽이처럼 돌아다녔다. 날마다 비슷한 일상인데 뭐가 그렇게 좋았는지 벌레 한 마리가 고물거리는 것만 봐도 신기했던 시절이다.

그렇게 사이가 좋던 친구들 사이에 작은 균열이 일었다. 학예회 때 선보일 〈늑대와 어린 양〉이라는 연극 때문이다. 주인공 양과 늑대 사이에서 보이지 않는 신경전이 있었다. 항상 뭉쳐 다니던 아이들 몇몇이 따로 집에 돌아가거나 공기놀이를 하지 않았다. 눈치가 빨랐던 나는 자발적으로 작은 역할을 골랐다. 착해서가 아니라 귀찮아서였다.

난 엄마 양이 돌아올 시간에 맞춰 뎅뎅 울기만 하면 되는 괘종시계를 골랐다. 사실 괘종시계와 풀밭의 꽃 중에서 고민했다. 꽃이 되어 얼굴에 꽃잎을 뒤집어쓸 생각을 하니 영 내키지 않아 다리가 조금 아프더라도 괘종시계를 선택했다. 나의 희생으로 아이들은 평온을 찾았다. 하지만 정작 우스워진 건 나였다. 엄마 양이 올 시간에 한 번만 울면 된다던 애초의 시나리오가 변경된 것이다. 극의 긴장감을 위해 세 번 울기로. 시계가 울려야 하는 타이밍을 기다리느라 난 마음이 초조했다. 선생님의 과한 연출 덕분에 난 원작에도 없는 살아 있는 괘종시계가 된 거다. 연극을 구경 온 엄마는 괘종시계가 된 딸을 보고 누구보다 큰 소리로 웃었고, 카메라가 있는 사람에게 시계가 된 나를 찍어 달라고 부탁했다. 엄마 때문에 내가 얼마나 우스운지 알게 되었다. 연극 중간에 선 채로 설핏 잠들었다는 사실은 아무에게도 말하지 못했다.

연극은 내 괘종시계 연기가 가장 빛날 만큼 엉망진창이었다. 대사를 까먹은 늑대는 아무 데서나 울먹였고 새끼 양 삼 형제는 서열을 헷갈렸다. 지루한 학예회가 끝나고 몇몇 아줌마들이 사진을 찍는 바람에 정신이 없었다. 인기는 양이나 늑대보다 괘종시계가 더 많았다고 자부한다. 우리의 연극은 엉망으로 끝났지만 기억에 오래 남았다. 다시 생각하니 아이들에게 고른 배역을 주고 싶었던 선생님의 섬세한 연출 덕분이다.

내가 만든 그림책 속에 보이지 않는 등장인물이 있다. 〈철사 코끼리〉에 데헷의 슬픔을 녹여 종을 만들어 준 대장장이 삼촌이 있고, 〈솜바지 아저씨의 솜바지〉에 막내딸이 있다. 엄마 양이 돌아올 시간을 알려 주던 괘종시계처럼 비중과 상관없이 이야기를 풍성하게 만드는 존재가 있다.

초등학생 시절 나와 형제들은 토요일 낮이면 재래식 부엌 바닥에 앉아 실내화를 빨았다.
삼 남매가 엉덩이를 정렬하고 실내화를 솔로 박박 문지르다 보면 다리에 쥐가 난다. 나는 실내화를 세탁하는 게 귀찮아 항상 마무리가 허술했다. 언니와 동생은 운동화(실내화)를 빨래집게에 꽂아 거꾸로 말려 두는데 난 대충 장독대 어딘가에 눕혀 두고 월요일 아침이면 발뒤꿈치 밑창이 마르지 않은 실내화를 들고 내 행동을 후회했다. 그런데 언제부터인지 기억나지 않는데 누군가 내 실내화를 거꾸로 말려 줬다. 언니였는지 동생이었는지 아니면 지나가는 고양이였는지 모르겠다.
지금도 늘 마무리가 허술한 나를 위해 누군가 젖은 실내화를 볕에 잘 말려 준다. 내 꿈의 조력자들이 있어 난 오늘도 이야기를 만든다. 내 이야기 안에 보이지 않는 그들의 온기를 독자들이 느낄 수 있길 바란다.

지금 하고 싶은 말

나는 새로운 그림책을 만들 때마다 글과 그림을 그때그때 배워 쓰고 그린다. 완성형 작가도 아니고 밀도 높은 작품을 만들지도 못한다. 오타와 비문 사이를 아슬아슬하게 걷고 있기에 편집자들 의존도가 높을 수밖에 없다. 이렇게 배운 것은 쉽게 잊히지 않는다.

문학의 변두리조차 가 보지 못했고, 예술의 심연에 무엇이 있는지 알지 못한다. 내게 주어진 시간 동안 뭐라도 할 수 있어 기쁠 뿐이다. 이렇게 지킨 시간도 나름 과정이 된다.

나에게 명문장이나 세상 다시없을 아름다운 그림을 기대하는 사람은 아무도 없다. 나조차 그렇다. 다만 내가 모르는 이야기는 하지 말자는 마음이다.

그러니 독자들이 내 책 사 줬으면 좋겠다.

가끔 에고 서치란 걸 한다.
포털 사이트 검색창에 내 이름을 입력하고 기다리면 몇 가지

기사가 뜬다. 가장 눈여겨보는 건 역시 내 책의 독자 감상평이다. 간혹 실제 보니 (기대보다) 미인이라는 얼굴 평가도 있고, 책을 보고 울었다는 감상도 있다. 인터넷 서점 세일즈포인트도 검색하는데 이건 심기 불편한 날은 피하는 게 좋다. 대체로 참담하다. 인터넷이 알려 주는 '고정순'은 실제 고정순의 일부이며 실제 고정순도 자신을 잘 모른다는 점에서 에고 서치는 상당히 객관적인 자료일지 모른다. 타인의 시선과 에고 사이에서, 숫자와 별점 사이에서 어쩌면 '나'는 나를 포장하거나 겸손을 가장한 가식을 미덕으로 여길지도 모르겠다.

나는 20년 가까이 투병 중이고 근래 신약을 처방받았다. 전에 먹었던 약에 내성이 생긴 거다. 의사 선생님 말씀으로는 드라마틱한 효과를 볼 거란다. 병이 아니라 약이랑 싸우는 느낌이 날 지치게 하지만 남부럽지 않게 경험한 불행에도 웃고 있으니 독한 내가 언제쯤 한 번은 병을 이기는 날이 오지 않을까 기대한다. 울고 싶으면 실컷 울라는 말과 하나님께 살려 달라고 애원하라는 말에 위로받았다. 신약이 내게 준 건 드라마틱한 효험이 아니다. 유효한 시간, 그 시간을 나 대신 벌어 준 거다. 불행이 변주할수록 나는 다분히 건설적인 모습으로 신약이 벌어 준 시간을 살 것이다.

오늘 난 작업실 바닥에 이불 대신 그림을 폈다.

아직 채색이 들어가지 않은, 선으로만 그려진 열여섯 장의 그림들이 작은 방을 가득 채웠다. 삼 일 동안 열 시간도 채 자지 못했다. 미완의 그림들이지만 내가 게으르지 않음을 증명해 주는 것 같아 괜스레 기분이 좋아진다. 그림 속 주인공 얼굴의 주름을 지웠다 그렸다를 반복하면서 과정이 주는 포만감에 취하기도 했다.

아주 잠시, 촌스럽고 투박한 환희가 스친 것도 같다.

누군가는 〈가드를 올리고〉가 불편하다고 하고 〈철사 코끼리〉의 은유가 과하다고 말하는 사람도 있다. 누군가는 〈엄마 왜 안 와〉에서 엄마가 늦는 이유를 왜 아이들에게 변명하냐고 하고 〈아빠는 내가 지켜 줄게〉의 가족애가 불편하다고 말하는 사람도 있다. 산문집 〈안녕하다〉는 어둡고 불편한 자기 고백에 지나지 않는다고 말하는 사람도 있다. 〈코끼리 아저씨는 코가 손이래〉는 너무나 비관적이고, 초기작은 대체로 촌스럽다는 지적도 있다.

모든 평가에서 벗어날 수 없으면 아무 말도 듣지 못하던 시절에 비해 형편이 나아졌다고 자조할 수도 없다. 나는 어차피 책

등부터 마침표 하나까지 평가받는 사람이니까.

나는 얼굴만 예쁜 사람일 수도 있고, 넓은 어깨에 비해 속이 좁을지도 모른다. 오늘도 수많은 B컷을 만드는 사람, B컷이 모여 최종 B로 남을지도 모르는 사람, 변명과 일기 어디쯤 낙서를 남기는 사람일지도 모른다.

마지막 문장의 마침표에서 다음 이야기의 첫 문장이 시작된다고 믿는다.

나에게 일어나는 변수는 고작 내가 다시 쓰러지는 것뿐이다.

그림책이라는 산

초판 1쇄 발행 2024년 12월 5일
지은이 고정순 | 책임편집 전소현 | 편집 김연희 | 디자인 하늘·민
펴낸이 전소현 | 펴낸곳 만만한책방 | 출판등록 2015년 1월 8일 제 2015-000008호
주소 서울시 마포구 토정로 222 한국출판콘텐츠센터 305호 | 전화 070-5035-1137 | 팩스 0505-300-1137
전자우편 manmanbooks@hanmail.net | 인스타그램 instagram.com/manmani0401

ISBN 979-11-89499-71-6 03810
ⓒ고정순 2024

이 책은 저작권법에 따라 한국에서 보호받는 저작물이므로 무단전재와 무단복제를 금지하며,
이 책 내용의 전부 또는 일부를 이용하려면 반드시 저작권자와 만만한책방의 서면 동의를 받아야 합니다.
잘못된 책은 바꾸어 드립니다. 책값은 뒤표지에 있습니다.
이 책은 2021년 출간된 《그림책이라는 산》 개정판입니다.